예수님의 제자 훈련

IVP(InterVarsity Press)는
캠퍼스와 세상 속의 하나님 나라 운동을 지향하는
IVF(InterVarsity Christian Fellowship)의 출판부로
생각하는 그리스도인을 위한 문서 운동을 실천합니다.

Originally published by M. E. Eapen for Gospel Literature Service
as *The Master Trainer* by P. T. Chandapilla
ⓒ1974, 1995 by P. T. Chandapilla
Translated with Permission

Korean Edition ⓒ 2015 by Korea InterVarsity Press
156-10 Donggyo-ro, Mapo-gu, Seoul 04031, Republic of Korea

예수님의 제자훈련

위대한 훈련가 예수님의 인격과 자질

P. T. 찬다필라 | 신재구 옮김

차례

추천글	7
머리말	9
개정판 서문	13
서문	15

1부 제자 훈련의 예비 단계

1	성육신	25
2	동일시	33

2부 훈린가의 8가지 자질

3	선별	45
4	집중	55
5	소통	63
6	투명성	75
7	유용성	87
8	현실성	97
9	이해·평가	109
10	일관성	123
11	결론	137

●**일러두기**
생각할 문제는 원서에는 없으나 독자들의 이해와 적용을 돕기 위해 삽입한 것이다.

추천글

우리는 예수님의 죽음, 곧 대속적인 죽음을 통해 성취된 (결과로서의) 구원과, 실제로 제자들이 끊임없는 시행착오를 거쳐서 마침내 계시와 구원에 이르는 (과정으로서의) 구원을 분리한 채, 전자만을 받아들이려는 경향이 있다. 그러나 복음서에서 명확히 볼 수 있는 것처럼, 제자들이 마침내 계시와 구원에 이르게 된 것은 예수님의 죽음 사건에 의한 순간적인 사건이기보다는 공생애 내내 실패와 교정을 반복하는 가운데서도 마지막까지 포기하지 않으시고 가르치시고 훈련하신 일련의 과정이 마침내 완성에 이른 것으로 이해할 수 있어야 한다.

지금은 고인이 된 저자가 본래 인도 IVF 신입 간사 훈련을 위해 쓴 이 지침서에서 주목하고자 하는 바는 후자, 곧 교사이자 훈련가(요즈음 등장한 개념인 멘토, 코치 등을 모두 포함하는 포괄적인 의미)로서 예수님의 인품이며 자질이다. 실제로 우리 주님은 심지어 부활하신 후까지 제자들을 집요하게 찾아오시고, 끈질기게 교정하시는 훈련가로서, 그야말로 사부 중의 사부, 곧 대사부(The Master Trainer)이셨다.

주님은, 이제 '열둘'이라는 숫자로 대변되는 우리 제자들이 당신을 대신하여 이런 훈련가가 되어 줄 것을, 그리하여 하나님 나라의 제자 훈련을 끊임없이 대물림하고 확대재생산 해줄 것을 기대하신다. 소박하고 간단해 보이는 이 매뉴얼이 교회 안팎의 그리스도인 리더와 훈련가들을 위한 나침반으로, 그리고 훈련가 자신을 비춰보는 거울로 활용되어(물론 개개인용이나 그룹용으로 사용할 수 있다), 대훈련가이신 우리 주 예수 그리스도의 고상하고 숭고한 인품과 자질이 이 땅의 교회와 캠퍼스와 일터, 나아가 해외의 선교 현장 구석구석에 이런 저런 울림으로 고스란히 되살아나고 퍼져 나가기를 소망한다.

권영석(전 학원복음화협의회 상임대표)

머리말

중요한 책의 머리말을 쓰게 되어 매우 기쁩니다. 복음적인 그리스도인은 그리스도가 지상에서 이루신 사역의 중요한 부분을 너무도 오랫동안 무시해 왔습니다. 오늘날 우리는 도처에서 하나님의 일을 인간적인 방법으로 행하는 안타까운 광경을 목격합니다. 주님은 갈보리 언덕에서의 구속 사역(redeeming work)에 버금갈 만큼 큰 관심을 '자신과 함께 거하도록' 친히 택하신 열두 제자에게 쏟았습니다. 그러나 우리는 그리스도의 구속 사역을 이해하는 데 치중한 나머지, 그분의 훈련 사역(training work)을 연구하는 데 게을렀습니다. 이는 우리에게 매우 큰 손실입니다. 예수 그리스도가 성육신하신 목적은 이 두 가지, 즉 구속 사역과 훈련 사역을 위해서였습니다.

저자는 위대한 훈련가의 자질과 그 덕목 이면에 있는 원리에 우리가 분명하고 설득력 있게 집중하도록 함으로써 교회에 매우 큰 기여를 했습니다. 다른 이를 가르치고 훈련하는 사람들은 분명 이 책을 통해 그리스도의 모범을 따르도록 도전받을 것입니다.

인도 복음주의학생연합(인도 IVF의 공식 이름 - 역주)의 총무로서 오랫동안 현장 사역을 한 저자는 이 책에서 다룬 주제의 현실성을 실험해 왔습니다. 이 책은 탁상공론이나 학문적 연구 결과가 아니라, 복음서의 각 장에 명료하게 그려진 사실들을 직접적이고 체계적으로 표현하고, 그 실현 가능성을 저자가 실험해 본 것들입니다. 독자는 이 책을 통해 생명의 원천에 다가가는 전율을 맛보고, 훈련의 대가이신 그분과 얼굴을 마주하게 될 것입니다.

오늘날 출간되는 기독교 서적마다 그리스도인이라면 누구나 읽어야 할 필독서라고 광고하지만 이 책이야말로 진정한 의미에서 필독서입니다. 이 책이 귀하고도 독특한 까닭은 다음의 두 가지 사실 때문입니다.

첫째, 책을 통해 오랫동안 감춰진 값진 보물들을 발견하는 탐험을 할 수 있기 때문입니다. 독자 여러분은 저자의 메시지에 사로잡혀 다른 사람의 영적 유익을 위해 그 보물들을 사용하려고 할 것입니다.

둘째, 본서는 독자의 마음을 깨우고 경외심을 일으킬 것이기 때문입니다. 우리를 구원하신 분의 마음이 드러날 것입니다. 지금까지 하나님의 일을 인간적인 방법으로 하면서도 만족스러워했던 자신을 발견하고 부끄러워질 것입니다. 그래서 앞으로는 하나님의 일을 할 때 그리스도의 방법으로 하겠노라고 결심하게 될 것입니다.

마지막으로, 독자에게 한 가지를 당부합니다. 저자가 이 책을 대중적인 스타일로 쓰지 않았음을 유념하길 바랍니다. 이 책은 주의 깊게 곱씹어 음미해야 할 연구서입니다. 이 책은 그리스도를 위해 행하고 있는 사역 방법을 재고하는 이들과, 그리스도가 이루신 사역의 원리가 갖는 실제 의미를 깊이 생각하고자 하는 그룹들의 연구를 위한 기초 자료로 제격입니다.

이 책이 많은 관심과 연구의 대상이 되기를 바랍니다. 또 충분히 그러리라 생각합니다. 하나님이 기독교 지도자들에게 용기를 주셔서 이 책이 가르치는 바를 그들이 실천할 수 있기를 바라고, 무엇보다 훈련의 대가이신 예수님의 영이 기꺼이 이 책을 사용해 많은 사람이 하나님의 영광을 위해 훈련되기를 기도합니다.

J. H. 마틴
아시아성경연구센터 소장

개정판 서문

27년 전쯤 인도 복음주의학생연합의 총무로 있을 때, 나는 '인도 전역에서 성장하고 있는 우리의 사역에 참여한 간사들을 충분히 훈련하고 있는가?'라는 질문에 직면했다. 그래서 나는 하나님의 아들이자 사람의 아들이신 분의 비밀, 즉 예수님이 3년 동안 어떻게 자신을 11배로 배가시키셨는지를 알기 위해 주 예수님과 사복음서를 살폈다. 거기에 우리가 열두 사도로 알고 있는 평범한 사람들을 비범한 지도자로 만든 비결 같은 것은 없었다.

나는 복음서 기자들이 기록한 원리를 다시 연구하고 이 원리들을 간사 훈련의 필요에 맞게 적용했다. 간사들을 훈련시킨 20년 동안 나는 복음의 진리가 얼마나 참되게 작동했으며, 예수님의 방식이 리더십을 확장하는 데 매우 역동적이었음을 발견했다.

예수님의 방법은 탁월하고, 비교할 수 없으며 정말 독특하다.

나는 이 방법이 우리 단체에게 놀라운 방식으로 효과적이었음을 보았고, 내가 만난 모든 상황에서 예수님의 방법을 따를 수 있어서 무척 기뻤다.

본서는 원래 출간을 위해서 쓴 책이 아니라 개관 형식으로 준비되었던 나의 간사 훈련 노트를 모아 편집한 것이다. 출간한 후 12년이 지나 여러 차례 인쇄가 되었고 선교 단체 사역을 그만둔 지 21년이 지난 지금, 이 작은 책을 새로 펴내야 할 필요가 생겼다. 하나님께 감사하는 마음으로 이 오래된 글을 새로운 독자들에게 드린다. 부디 모든 사람이 뛰어난 훈련가가 지닌 원리들의 경이로움을 충분히 발견하길 바란다.

서문

그리스도의 공적 사역과 지상에서의 삶을 이해하기 위해서는, 먼저 그분의 생애와 사역의 목적과 관련한 두 가지 요소를 파악해야 한다. 지상 사역에 있어서 그리스도의 첫 번째 관심은 많은 사람을 위하여 자신의 목숨을 대속물로 내어 주어 둘째 아담으로서 인류의 구속을 성취하는 것이었다. 그분의 두 번째 관심은 구원의 메시지를 세상 모든 사람에게 신실히 전파할 소수의 사람들, 즉 열두 제자를 택하는 것이었다. 이 일을 수행하는 데 있어 그분은 위대한 전략가였다. 그분 자신이 하나님의 메시지를 사람에게 전했으며, 그 메시지를 세계 곳곳에 들고 갈―허물 많지만 충성스러운―사람을 찾으셨다. 그러기에 그분은 가장 위대한 기독교 지도자인 동시에, 그분을 따르는 위대한 기독교 지도자들을 훈련시킨 훈련가셨다.

그리스도는 자신이 떠난 후에 열두 제자가 자신의 신실한 사자들이 되게 하기 위해 그들을 어떻게 개발시키셨는가? 그분은 어떠한 원리들을 사용하셨는가? 그러한 원리들은 오늘날 지도자를 양성하는 사람이나 제자 훈련에 관계하는 사람들에게 적실성이 있는가? 이런 것이 이 책에서 토론할 중심 주제들이다.

이런 질문들에 답하다 보면 사도들을 배출한 것과 관련하여 예수 그리스도께 여덟 가지 자질이 있었음을 발견할 수 있다. 이것이 제자 훈련가로서 그리스도께서 지닌 자질의 전부는 아니지만 가장 중요한 것들이라는 게 나의 생각이다. 이제 이 자질들을 좀더 깊이 살펴보고, 또 그것들을 기독교 지도자를 훈련시키는 사람들에게-그 처한 상황이 어떠하든-연관시켜 보려고 한다.

바울은 그리스도 안에서 발견되는 그 동일한 자질들을 발휘해 디모데와 디도 같은 훌륭한 기독교 지도자들을 배출해 냈다. 기독교 지도자의 배출과 그로 말미암는 하나님 나라의 확장에 기여해 온 모든 이는 적어도 여기서 토론할 여덟 가지 자질을 갖고 있었다. 특히 복음서들과 그리스도의 생애에서 이런 자질들이 두드러진다. 따라서 거기서 이 핵심적인 자질들을 끌어내 연구하는 것은 매우 쉽다.

이 책에서 다룰 지도자의 여덟 가지 자질은 훌륭한 교사라면 누구나 적용해야 할 여덟 가지 법칙이라고 해야 마땅하다. 가장 위대한 훈련가요 교사였던 그리스도께서 친히 그것들을 사용하셨기 때문이다.

이 책의 강조점은 그리스도 안에서 발견할 자질에 있지, 주님께서 쓰신 방법이나 주님의 사역 방식에서 끄집어낼 수 있는 원리에 있지 않다. 이런 식으로 접근하는 이유는 훈련가인 그리스도께만 집중하기 위함이다. 사실 우리는 주님을 제쳐두고 지도력 훈련의 법칙이나 원리 또는 방법론 등을 정립하려고 한다. 이 주제를 다룰 때 보통 우리는 대부분 이런 접근을 많이 하지만 이는 부차적인 문제다. 우리는 먼저 근원, 즉 수원(水源)으로 향해야 한다. 그 근원은 바로 신인(the God-Man), 곧 그리스도 자신이다. 그분의 행동이나 사역 방법 그리고 그분이 쓰신 프로그램 등은 그리스도, 바로 그분의 인격에 견주어 보면 부차적일 뿐이다. 그와 같은 것들은 모두 그분의 인격에서 흘러나오기 때문이다.

지도자들을 훈련하고 배출할 때 그 과정에 참여한 사람

들을 가장 중요하게 여겨야 한다. 여기에는 훈련가와 피훈련자 모두 포함된다. 사람들에게 초점을 맞추지 않는 태도는 바람직하지 않다. 사람들에게 초점을 맞추지 않으면 어느새 정도를 벗어나, 생명력을 잃은 조직 훈련으로 전락할 위험이 있다. 모든 관심과 토론과 프로그램의 중심 주제는 사람이어야 한다.

그리스도의 제자 훈련을 연구할 때 그분의 인격을 중심에 두지 않으면 우리는 모든 것을 잃고 만다. 그리스도를 한 인격으로 되새겨 보려면 그분의 자질들을 살펴보아야 한다. 여기서 말하는 여덟 가지 자질 혹은 덕목은 위대한 훈련가의 인격을 형성한다. 이러한 자질들을 빼먹거나 간과하거나 당연시하는 것은 추수하기 전 밭에 뿌려야 할 씨앗을 잘 살피지 않거나, 기술자가 아름다운 장미꽃을 제조-만일 그것을 제조하는 것이 기술 공학으로 가능하다면-하기에 앞서 꽃잎의 색깔이나 꽃받침의 조직 등을 간과하는 것과 같다.

더욱이 그 자질들은 많은 원리나 전문 기술을 도출해 낼 수 있는 근원으로서 리더십 훈련의 모든 방법론과 법칙과 프로그램을 위한 기초 자료가 된다. 일단 그 자질들을 완전히 익혀 바르게 연마했다면, 그로써 일차적인 기본 토대를

닦음과 동시에 가장 중요한 지점에 도달했다고 할 수 있다. 그 지점에 이르기까지는 부단한 노력이 필요하다. 따라서 이 책은 사람의 중심성과 중요성을 보여 주기 위해 그 자질들을 다룰 것이다.

지도자의 여덟 가지 자질에 대한 서론으로 지도자의 출현과 접촉과 개입과 관련해 '성육신'과 '동일시'를 첫 두 장에서 다룰 것이다. 이 두 장은 위대한 훈련가로서 주님이 가진 자질들을 이해하는 데 필요한 맥락을 제공해 준다. 주님은 계획을 성취하기에 앞서 먼저 한 인간이 되시고, 또한 주위 사람들과 하나 되는 두 가지 예비 단계를 거치셨다. 이것이 성육신과 동일시라는 기본 단계가 여덟 가지 자질을 논의하기 위한 서론인 이유다.

이 책은 대중서가 아니다. 그래서 실례나 적용 사항을 충분히 제시해 읽기 쉬운 문체로 쓰려고 하지 않았다. 연구와 토론을 위해 집필했기에 많은 성경 구절과 주제를 전반적으로 제시해 독자 스스로 이 주제에 깊이 파고들 수 있도록 했다. 주님에게서 발견한 원리들을 독자의 형편과 상황에 맞게 적용할 수 있으리라는 확신을 가지고 제시한 것이다. 나와 주변 사람들의 경험을 바탕으로 자질과 관련한 많은 실례를

들려줄 수도 있었지만 일부러 그렇게 하지 않았다. 왜냐하면 이 책을 읽는 사람들이 스스로 적용하도록 돕기 위해서다.

이런 점에서 이 책의 독자는 다른 이들을 훈련시키거나 가르치는 일에 직접 관여하는 사람들과 그 분야의 관심자들―그들의 직업이 무엇이든―에 제한된다.

기독교 지도자들을 훈련시켜 배출하기 위해서는 먼저 그리스도의 방법을 이해하고, 그런 후 그것을 신실하고 생산적으로 실행에 옮겨야 한다. 이제 위대한 훈련가의 여덟 가지 자질과 그 프로그램을 시작할 수 있도록 도울 두 가지 예비 단계를 소개한다.

생각할 문제

1. 그리스도의 지상 사역을 이해하기 위해 파악해야 할 두 가지 사실은 무엇인가?
2. 그리스도를 위대한 전략가라고 말할 수 있는 근거는 무엇인가? 또 어떤 성경 구절로 그 사실을 설명할 수 있는가?
3. 예수 그리스도를 위대한 제자 훈련가라고 부를 수 있게 만든 여덟 가지 자질은 무엇인가?

4. 이 책의 강조점이 그리스도의 훈련 방법들에 있지 않다고 한 이유는 무엇인가?
5. 위대한 훈련가이신 예수님은 자신의 프로그램을 수행하기에 앞서 무엇을 하셔야 했는가?

1부 제자 훈련의 예비 단계

I

성육신

주 예수 그리스도는 요한복음 1장에서부터 위대한 훈련가로 등장한다. 요한복음 1장은 주님을 사람들을 택해 훈련시키고 그들을 통해 자신의 사역을 계속하려 오신 분으로 소개한다. 요한복음을 보면, 그분의 공적 사역의 첫 단계는 열두 제자가 된 사람들과 관계 맺는 것으로 시작한다. 요한복음에서 다루지 않은 알려지지 않은 예수님의 30년간의 삶은 제자들을 부르시고 훈련시키는 사역의 준비 과정으로 전제된다. 요한복음에 나타난 그분의 모든 프로그램은 나중에 사도가 된 열두 명을 중심으로 계획되었다.

주님은 평범한 열두 명과 접촉하셨다. 사실 그분은 모든 생활에서 그들과 관계를 맺으셨다. 이 효과적인 개입에는 그분의 삶과 사역에 주요한 두 가지 단계가 내포되어 있다. 이 두 가지 예비 단계는 그리스도를 위대한 훈련가로 이해하는 데 필요한 기초에 해당한다. 아무리 위대한 훈련가라 하더라도, 아무리 놀라운 훈련 프로그램을 갖고 있다 하더라도, 이 두 가지 입문 단계를 거치지 않고는 다른 사람들을 훈련시킬 수 없다. 그 두 가지 예비 단계란 1부에서 다룰 성육신(incarnation)과 동일시(identification)다.

성육신

우리가 참고할 신약성경의 두 가지 기본적인 본문은 요한복음 1:1-14, 18과 빌립보서 2:5-8이다. 우리는 이 말씀을 기초로 성육신을 정의할 수 있다.

성육신이란 하나님이 몸, 바로 인간의 모습으로 오신 것, 즉 그리스도 안에서 구체화되신 것을 말한다. '성육신'이라는 단어가 성경에 나오지는 않지만 이 개념은 분명히 성경적이다. 이런 점에서 성육신은 힌두교 같은 다른 종교들에서 발견되는 화신(avatars)이라는 개념과 구분해야 한다.

힌두교 사상의 '아바타'는 근본적으로 성경의 성육신과

는 전혀 다른 개념이다. 아바타는 최고의 신 파라마트마(Paramatma)가 아닌 비쉬누(Vishnu)의 가시적 출현, 즉 인간이 볼 수 있는 형태로 나타나되 어떤 형태로든 편리한 형태로 나타난다. 비쉬누의 열 명의 아바타에서 분명히 알 수 있듯이 아바타가 항상 인간의 모습으로 나타나는 것은 아니다.

아바타가 출현하는 목적은 악한 존재들을 박멸하고 선한 존재들을 보호하기 위해서였다. 힌두교 사상에서 보면, 많은 아바타가 가능하고 또 필요하고, 아울러 '아바타들' 중 최고의 신 파라마트마는 결코 악한 것에 관련하거나 동일시되지 않는다. 즉 아바타는 신과 물질이 분리된 개념이다.

성육신의 개념

이런 이유로 기독교가 말하는 성육신은 매우 독특하고, 여기에는 우리가 주목해야 할 몇 가지 중요한 기본 요소가 들어 있다. 우리는 이 요소들을 분석적으로 또 종합적으로 살펴 성육신의 개념을 이해해야 한다.

1. 성경의 사상은 두 가지 주요 영역, 즉 물리적 영역과

영적 영역이 실재함을 인정한다. 양자는 공존하며 어느 하나가 다른 하나를 배척하지 않는다. 어느 편이 다른 편보다 더 실제적이거나 진실하지 않다. 하나님과 인간 사이에도 그와 비슷한 구별이 있다. 즉 하나님은 영이시며 인간은 (영적이기도 하지만) 육체를 가지고 있다.

2. 본래의 상태에서 이 두 가지 실재는 서로 다르다. 이러한 구별은 실재에 대한 일원론적 견해를 배격한다. 이 두 가지 수준은 각기 다른 법칙에 따라 움직이며, 각기 다른 원리를 드러내고, 차원 또한 다르다. 따라서 그것들을 이해하기 위한 접근 방법도 다르다.

3. 영적 혹은 신적 실재는 무한하다. 이는 더 영광스럽고 탁월하다. 그것은 생명력이 넘치며 능력으로 충만해 있다. 물리적인 것이나 인간적인 것은 유한성을 특징으로 한다. 영적 존재는 능동적 실재며 물리적 존재는 수동적 실재다. 그러나 성경은 영만 선하고 물질은 악하다고 가르치지 않는다. 오히려 영적인 것이든 물리적인 것이든 모두 본래 또는 오염되지 않은 상태에서는 선하다고 가르친다.

4. 성육신을 통해 신적 존재는 인간과 만나 하나의 실재가 된다. 영적인 것과 물리적인 것의 완전한 통합이 성육신

에서 이루어진다. 이 만남에서 신적이며 영적인 것은 인간적이며 물리적인 것에 스며들어 서로 융합한다. 이처럼 성육신의 개념에서는 둘이 하나가 되며 양자의 이분법적 분리는 제거된다.

이것이 곧 말씀이 육신이 된다는 말의 뜻이며, 하나님이 인간이 되셨다는 말의 의미다(요 1:14). 이것이 바로 위대하고 놀라운 성육신의 실재다.

기독교적 독특성

성육신은 참으로 독특한 개념인 동시에 기독교 사상에만 존재하는 비교할 수 없는 실재다. 이 성육신의 특징을 우리는 다음과 같이 말할 수 있다.

1. 성경에는 성육신 사건이 오직 한 번 나온다. 다른 성육신은 없다.
2. 성육신의 행위는 궁극적이고 주권적인 하나님이 예수 그리스도 안에서 한 인간이 되신 것에 국한된다. 그러나 그

것은 자신이 섬기는 사람들과 하나 되기를 바라는 이들이 과거에 따랐고, 지금도 따르고 있으며, 앞으로도 따르게 될 모범이다. 성육신의 영은 구약 시대에도 분명 활동하고 있었고, 그것이 예수 그리스도 안에서 마침내 실현된 것이다.

3. 성육신은 건강하지 않은 자의 건강과 불완전한 자의 완전함을 지향한다. 성육신은 구속을 통해 고결함과 풍성함을 가져다준다. 파괴나 징벌은 성육신의 목적이 결코 아니다. 요한복음 3:17은 성육신의 목적은 완전하고도 진정한 의미의 구원이라고 말한다. 바로 이 성육신을 통해 보이지 않는 하나님이 계시된다. 하나님의 성품과 본성, 관심사와 계획 등은 성육신을 통해 인간에게 알려진다.

4. 성육신은 '영적-신적인 것'과 '물리적-인간적인 것'의 통합이며, 양자의 상호 작용 속에서 일어나는 가장 위대하고 가장 궁극적인 사건이다. 이러한 방법으로 영과 물질, 영적인 것과 물리적인 것의 선함이 드러나며 유지된다.

이를 통해 우리는 기독교 신앙에서 성육신이 왜 그렇게 독특하며 중심이 되는지를 이해할 수 있다. 이는 우리가 살펴볼 리더십 훈련의 중심 개념이기도 하다.

적용

위의 내용에서 우리는 위대한 훈련가인 그분을 포함해 훈련에 관련한 모든 사람에게 적용되는 원리로서 어떤 결론을 유추해 낼 수 있다. 위대한 훈련가에게 성육신의 (단지 개념만이 아닌) 행위는 그의 프로그램의 초석이다. 이것은 열두 제자를 훈련시키는 첫 번째 단계다.

이제 우리는 이 원리를 다음과 같이 말할 수 있다. 지도자 훈련의 첫 번째 단계로 훈련가는 스스로 다리를 놓아 장애물을 건너 피훈련자의 수준까지 가야 한다. 고상하고 접근하기 어려운 생각이나 경험들을 피훈련자의 수준으로 가져가야 한다. 이것이 성육신의 적용이다. 자신을 피훈련자의 자리로 성육신하는 것이 (위대한) 훈련가의 책임이라는 뜻이다.

이 첫 번째 단계가 가장 중요하다. 성육신 없이는 훈련가와 피훈련자 사이의 어떤 접촉도 불가능하기 때문이다. 둘 사이에 접촉이 없다면 훈련은 불가능하다. 따라서 훈련의 기초는 성육신을 적용할 때만 세울 수 있다.

생각할 문제

1. 위대한 훈련가 예수님이 요한복음 1장에서 보이신 훈련가의 모범은 무엇인가?
2. 우리가 다른 사람을 훈련시키려 할 때 반드시 거쳐야 할 두 가지 기본 단계는 무엇인가?
3. 성육신을 정의해 보라.
4. 기독교에서 말하는 성육신과 타종교의 비슷한 개념, 예를 들면 힌두교의 아바타와 어떻게 다른가?
5. 성육신의 정신을 어떻게 우리 삶에 적용할 수 있는가?

2

동일시

훈련을 위한 무대를 여는 두 번째 단계는 '동일시'다. 이는 성육신에 뒤에 오는 것으로 성육신이 없으면 진정한 동일시도 있을 수 없다. 따라서 리더십 훈련에서 성육신은 기초이고, 동일시는 원동력이며, 개입은 기계적 역학에 해당한다. 이를 도표로 정리하면 다음과 같다.

리더십 훈련

| 역학   —————   개입
| 원동력 —————   동일시
| 기초   —————   성육신

기본 성구 해설

요한복음 11:17-44은 위대한 훈련가요 신인이신 그리스도의 동일시를 보여 주는 가장 훌륭하고 명료한 말씀이다. "예수께서 눈물을 흘리"셨다는 것은 이 이야기에 나오는 결정적인 구절이다(35절). 이는 복음서에 나타난 바 그리스도가 우리와 동일시된 깊이와 높이를 보여 주시기 때문이다. 이 본문에는 우리가 주목해야 할 몇 가지 사실이 있는데, 이는 예수님이 행하신 동일시를 바르게 이해하는 데 도움을 준다.

1. 예수님은 자신이 동일시한 사람들이 있던 현장에 가셨다(17-18, 38절). 그곳은 베다니에서 가까운 동굴이었고, 베다니는 예루살렘에서 남동쪽으로 3.2킬로미터가량 떨어진 곳이었다.

2. 예수님과 마르다와 마리아는 같은 장소, 같은 상황에서 같은 정서를 품고 만났다(20, 30, 33, 35절).

3. 유능한 자(주 예수)는 필요를 느끼는 자들(마리아와 마르다) 가운데로 가셨다. 그분은 필요의 중심부로 들어가셨다(21-22, 32-33, 37, 39절).

4. 예수님은 그 상황과 완전히 하나가 된 동시에 그 상황 위에 계셨다. 마음이 흔들리긴 했으나 그분의 비전은 흐려지지 않았다(23-26, 40절).

5. 그 결과 예수님의 동일시는 상황을 변화시켰다. 죽음으로부터 생명이, 암울함으로부터 기쁨이 흘러나왔고, 깊은 불신과 비탄 속에 경이감이 찾아왔다. 이것이 진정한 동일시의 증거가 되었다(44-45절).

우리는 복음서의 다른 말씀에서도 그리스도께서 세리와 죄인같이 평범한 사람들과 동일시되어 그들에게 계시와 구원을 가져다준 사실을 알 수 있다. 동일시는 선별된 열두 제자에게 계시와 변화를 가져다주어 그들로 하여금 그리스도를 좇는 지도자가 되게 했던 것이다.

정의

동일시는 '어떤 사람이 다른 사람과 구별되지 않을 만큼 어우러지는 것' 혹은 '그 사람이 다른 사람들과 똑같이 되는 것'이라고 정의할 수 있다. 그렇다고 해서 자신의 주체성을 잃고 다른 대상에 병합된다는 뜻은 아니다. 주체성은 그대로 유지하되 전체의 일부로서 집단을 구성하는 다른 구성원 개개인과 유별난 차이 없이 동일시되는 것이다. 이런 동일시의 의미를 우리는 '감정이입'이라는 단어를 사용해 다음과 같이 설명할 수 있다. 동일시되는 개인은 그 대상이 겪는 경험과 그들의 실존 안으로 들어가는 것이다.

성경적인 의미에서 볼 때 동일시는 성육신의 연장이기에 우리는 이를 다음과 같이 정의 내릴 수도 있다. 즉, 동일시란 더 높은 실재와 더 낮은 실재가 유사한 상황과 배경으로 함께 들어가는 것이며, 그로 인해 더 낮은 실재는 더욱 풍성해지거나 더 높은 실재로 변화되는 것이다. 이를 좀더 자세히 살펴보자.

성경적 개념의 설명

다음의 요소들은 특히 신약의 문맥에 나오는 동일시를 이해하는 데 도움을 준다.

1. 동일시는 질적으로 다른 두 인격이나 현상의 혼합을

수반하며 그 과정에서 그 둘은 동일하게 취급된다. 그 둘은 쉽게 구별되거나 분리되지 않는다. 그 둘 사이에는 질적 차이만 있을 뿐 외형적 차이는 없기 때문이다. 서로 동일시되는 두 인격과 사물이 쉽게 구별되거나 분리된다면 그것은 진정한 동일시가 아니다. 동일시되는 경우에는 각각이 별개의 실재일지라도 시종일관 한 실재가 다른 실재에 깊이 관여하기 때문이다.

2. 그러한 동일시는 언제나 목적 지향적이며 목적 성취적이다. 둘 혹은 그 이상의 실재가 서로 섞이는 것은 임의로 일어나는 현상이 아니다. 거기에는 분명한 목적이 있으므로 그 동일시는 분명한 의도가 있다.

3. 동일시는 성육신과 관련되어 있으므로, 이는 질적으로 높은 자가 낮은 자와 하나가 되는 것을 말한다. 이 경우 낮은 자는 변화를 받아 높은 자의 수준으로 올라간다. 이처럼 동일시의 주도권은 높은 자에게 있고 낮은 자는 그것에 반응한다. 이 과정에서 동일시는 소수가 다수에 가세하든지 개인이 집단에 병합되어 모두 균등해지고, 그 결과 소수나 개인이 자신의 문제나 고민 혹은 개인적인 불편함을 피할 목적으로 더 큰 부분과 동화되는 것이 아니라는 점을 분

명히 해야겠다. 낮은 자와 동일시되는 높은 자는 사적인 안락이나 안전을 구하려 하거나, 낮은 자를 언제까지나 종속된 위치에 두려고 하지 않는다.

4. 높은 자와 낮은 자가 같아지는 동일시는 전자의 외적 요소와 차원만이 영향을 받는다. 동일시되는 사람은 그 대상과 비슷해지기 위해 지리와 옷과 음식과 언어와 생활습관 등에서 영향을 받는다. 그러나 동일시되는 자의 기본 인격은 영향을 받지 않는다. 그가 가진 정신과 영과 혼 같은 기본 자질은 손상되지 않고 온전하게 존속된다.

5. 동일시되는 대상은 전인격적 차원에서 깊이 경험된다. 동일시는 구경꾼을 위해 꾸민 행동이 아니다. 웃음을 자아내는 코미디나 연극이 아니다. 동일시는 인격적으로 깊은 차원에서 진실하게 수행된다. 왜냐하면 동일시는 성육신의 결과이기 때문이다.

6. 동일시는 순간이나 잠깐 동안의 경험이 아니다. 그것은 지속적인 경험이자 과정이다. 따라서 그것은 동일시하는 자에게 매우 힘든 현실이다. 그것은 부담스럽고 고통스러우며 어렵다. 동일시에는 휴일이나 쉼 같은 것은 없다.

7. 시간적인 면에서 동일시는 무제한적 경험이 아니다. 이는

한정된 기간에만 일어난다. 기간은 관련된 목표들의 성격과 성취에 필요한 시간으로 결정된다. 성경적 의미에서 성육신은 효력이 영원하지만 동일시는 주어진 시공간 속에서만 유효하다.

8. 고상한 자가 비천한 자를 변화시키는 동일시는 핵심에서 주변으로, 내부에서 외부로 수행된다. 동일시의 결과는 낮은 존재에게 여러 모습으로 나타나는데, 처음에는 내적으로 드러나고 변화가 진행되면서는 외적으로도 드러난다. 그러나 외적 변화가 먼저 나타날 경우 이는 진정한 동일시라고 할 수 없다. 그 경우 원인과 결과 모두 거짓이다. 달리 말하면, 동일시의 주체는 내부에서 영향을 주는 변혁가이지 외적 결과에만 영향을 끼치는 수리가가 아니다.

9. 동일시는 깊은 '개입'으로 이어진다. 여기서 개입이란 의미 있는 행동이나 상호작용을 뜻한다. 동일시 없이 이루어지는 개입은 피상적일 수밖에 없고, 접촉은 우연히 이루어진 것일 뿐 어떤 효과도 기대할 수 없다. 이는 진정한 개입이라 할 수 없고, 다른 사람들과 동일시되기 위해 겉으로 애쓴 수고와 정성은 아무런 효과도 기대할 수 없다. 그러한 모든 노력은 자기만족을 위한 것일 뿐이다.

10. 참된 동일시는 설정한 목표나 목적이 얼마나 성취되

었는가에 따라 입증된다. 말씀에 비추어 볼 때 목표들은 동일시의 전 과정과 근본적으로 관련이 있다. 동일시가 곧 성육신의 결과이기 때문이다.

훈련가를 위한 적용점

우리는 위에서 동일시의 개념을 일반적인 용어로 분석했다. 이제 동일시의 원리를 리더십 훈련을 하는 훈련가의 계획에 적용해 보자. 이 원리는 세 가지 명제로 진술할 수 있다.

    1. 위대한 훈련가나 지도자는 리더십 훈련을 계획할 때 개입과 목적 지향적인 행동에 초점을 맞춘다. 동일시는 이를 위한 선행 조건이다. 이를 좀더 포괄적으로 기술하면, '사랑 없이 성육신 없고, 성육신 없이 동일시 없고, 동일시 없이 개입 없고, 개입 없이 훈련 없고, 훈련 없이 재생산 없고, 재생산 없이 지도력 없고, 지도력 없이 공동체 없고, 공동체 없이 기독교 없다'라고 할 수 있다.

    2. 위대한 훈련가의 자질은 성육신과 동일시라는 범주 안에서만 이해되고 관찰된다. 훈련가와 피훈련자들 사이의

효과적인 결합은 이 방법으로만 가능하다.

3. 성육신과 동일시가 전제될 때, 리더십 훈련에 필요한 자질은 현실에서 그 존재가 드러난다. 그렇지 않으면 이 책에서 논의하는 자질들은 추상적일 뿐, 적실성이나 유용성이 없는 다른 세상의 이야기가 되고 만다.

지금까지 성육신과 동일시라는 두 주제를 살펴보았다. 이제 우리는 리더십을 창출해 내는 위대한 훈련가의 여덟 가지 자질을 검토할 준비가 되었다.

생각할 문제

1. 동일시란 무엇인가? 이를 다른 말로 표현할 수 있는가?
2. 진정한 동일시에는 무엇이 필요한가?
3. 동일시의 순도를 측정할 열 가지 검증 방법은 무엇인가?
4. 수리가와 변혁가의 차이는 무엇인가? 동일시는 그중 어떤 것과 연관되어 있으며, 왜 그런가?
5. 요한복음 11장에 나타난 동일시의 단계를 설명해 보라. 이를 어떻게 우리 삶에 적용할 수 있겠는가?

2부 훈련가의 8가지 자질

3

선별

선별(selectiveness)은 열두 사도의 훈련과 관련한 위대한 훈련가의 첫 번째 자질이다. 이 자질은 피훈련자들의 선별 및 선별 기준에 관한 원리와 관련이 있다. 우리는 앞으로 위대한 훈련가의 원리보다는 자질에 관심을 둘 것이다. 이런 식으로 접근해야 모든 적용점과 유효성에 기초가 되는 그리스도의 인격을 더 잘 이해할 수 있기 때문이다.

자질의 정의

선별의 자질이란 수많은 사물이나 사람 중 자신이 원하는 사람(혹은 사물)을 정확하게 선택할 줄 아는 능력을 말한다.

선별하는 자는 차림새나 외모나 기타 거짓 요소에 끌려 실수하지 않을 것이다. 선별하는 사람이 어떤 목적을 품고 있느냐에 따라 사물이나 사람에 대한 선별은 달라진다. 또한 원재료가 개발된 후의 모습을 예측하고 선별할 재료(사람이든 사물이든)를 통찰함으로써 선별은 달라진다. 기본적으로 이 자질은 개인마다 차이가 난다. 즉, 어떤 사람은 다른 사람에 비해 선별 능력이 뛰어날 수 있다.

복음서에 나타난 사실들

여기서 예수 그리스도에게서 발견할 수 있고 또 그분이 발휘하신 이 자질을 살펴보자.

  1. 예수님은 많은 제자 가운데 열두 명을 선별하셨다(눅 6:12-13).
  2. 그분은 자신이 원하는 사람들을 부르셨다(막 3:13).
  3. 자신을 추종하는 사람들이 많았지만 그분은 그들을 의지하지 않고, 그들 중에 제자들을 따로 택하셨다(요 2:23-25; 눅 14:25-26).

4. 칠십 명의 제자 가운데 열두 명이 특별한 소명을 받았다(눅 10:1-2, 17-20).

5. 그분은 열두 명의 제자에게 특별한 책임을 맡기셨다(막 3:14).

6. 열두 제자 중에 세 명의 제자가 다른 제자들보다 주님과 가까웠다(막 9:2; 마 26:36-37).

7. 그분은 평범한 직업을 가진 사람들 가운데서 제자들을 부르셨다(마 4:18-22; 9:9).

8. 그분은 열두 제자를 부르시고 책임을 맡기실 때 특별하고 분명한 목적을 갖고 계셨다(마 4:19; 막 3:14-15).

9. 그분이 열두 제자를 택한 이유는 그들이 영적 진리에 반응했기 때문이다(요 1:36, 39, 45, 48; 요 6:66-69; 마 16:15-16).

10. 영적 진리에 줄곧 마음을 닫았던 이들은 떨어져 나갔다(요 6:70-71; 마 26:20-25).

11. 그분은 지속적으로 기도한 후 하나님의 뜻을 좇아 열두 제자를 택하셨다(눅 6:12-16).

자질의 해석

위 참고 구절이 완벽하지 않더라도 현재 논의 중인 자질과 주 예수께서 그 자질을 발휘하신 것은 충분히 증명할 수 있다. 이 자질과 관련하여 예수님을 주목해 보면 다음과 같이 몇 가지 결론을 내릴 수 있다.

1. 예수님은 선별의 자질을 발휘하셨다. 그분은 열두 제자의 무리에 아무나 포함하지 않으셨다. 예수님은 그들을 엄정하게 선별하셨다.

2. 예수님은 자신이 원하는 혹은 마음에 드는 사람들을 뽑으셨다. 그분은 제자들에 대한 분명한 목적과 계획이 있었다. 이는 주님의 특권이었다.

3. 예수님은 각양각색의 사람 중에 열두 제자를 택하셨다. 제자들에게 일을 맡기신 때는 공생애를 시작하고 1년이 지난 후였다. 주님을 따르던 사람들이 매우 많았기에 그중에 선별하셨다. 선별한 순서는 수많은 사람, 믿는 무리, 70인, 열두 제자, 그중 세 제자 순이다.

4. 예수님은 열둘을 뽑기 전에 사람들을 살피고 관찰하

며 기다리는 데 충분한 시간을 할애하셨다. 갑자기 택한 것이 아니다. 그분은 다양한 삶의 환경, 즉 가정과 일터와 사적 관계와 공적 현장에서 그들을 관찰하셨다.

5. 예수님은 분명 여러 번 기도하셨고, 택한 자들을 알리기 전날 밤에는 밤새워 기도하심으로써 하나님의 뜻을 따르셨다. 주님이 제자들을 선택할 때 내면 생활과 진리에 대한 그들의 반응이 결정적인 역할을 했다. 주님에 대한 열두 명의 반응과 베드로의 신앙고백, 요한의 특별한 친밀감 등이 모두 이 점과 관련하여 무언가를 암시한다.

선별의 원리

예수 그리스도의 선별의 자질은 몇 가지 원리를 행동으로 옮기게 한다. 이는 리더십을 배양하는 훈련가에게 매우 중요한 것으로, 그중 다섯 가지 원리는 다음과 같다.

배제와 수렴의 원리. 이는 선별할 때 적용되는 매우 중요한 원리다. 선별할 대상이 많고 다양할 때 적용되는데, 많은 사람을 배제하고 한 명이나 소수를 선별하려면 반드시 이 조건이 충족되어야 한다.

기회 선용의 원리. 리더십 훈련을 위해 선발되는 사람들은 이전부터 할 일이 많이 있고, 사용할 수 있는 기술을 갖고 있으며, 주어진 기회를 이용할 줄 안다. 이들은 주어진 일을 통해 무언가 이루어낼 줄 알고, 더 많은 일거리와 봉사할 기회를 기꺼이 찾는다. 게으르고 허송세월하며 몽상에 젖어 있는 사람들은 이 원리에 비추어 볼 때 맞지 않다.

영적 반응의 원리. 이미 알려진 진리에 적극적으로 반응하는 사람만이 더 많은 계시의 진리를 이해하고 소화할 수 있다. 그들은 계시와 지식을 얻고 더 큰 책임을 맡아 진보를 이룰 만한 후보들이다. 반응하지 않는 자들은 만족에 빠져 문을 닫아 결국 낙오하거나 탈락되고 만다. 반면 갈급한 자들은 더 많이 받는다. 영적 리더십을 발휘할 후보자들을 택할 때 기본적으로 점진적인 변화와 성장을 추구하는 영적 반응이 필요하다.

목적 지향의 원리. 훈련가는 반드시 자신의 목적에 부합하는 능력과 취향을 가진 자들만을 택해야 한다. 이 원리는 이미 설정한 목적을 변경하도록 요구하는 도전을 과감히 제거하고, 애초에 정한 목적을 명백히 설명함으로써 지킬 수 있다. 훈련가는 반드시 치러야 할 대가가 무엇이며, 그 목적을 성취하는 데 무엇이 수반되는가를 분명히 해야 한다. 선별을 하기 전에 그 사람들이 어떻게 반응하는지 반드시 살펴보아야 한다.

수직 관계의 원리. 훈련가는 자신의 선택이 옳은지 확인하기 위해 하나님의 뜻을 기다리는 특권을 활용할 수 있다. 바른 선택을 하기 위해 자신의 생각이나 판단에 의존해서는 안 된다. 후보자들을 선택하는 데 기도는 훈련가가 특별히 구비해야 할 장비다. 이를 통해 훈련가는 하나님께 주파수를 맞춤으로써 좀더 객관적으로 결정을 내릴 수 있고, 올바른 선택을 할 수 있게 된다.

자질의 적용

지도자가 선별의 원리들을 올바로 적용할 수 있도록 하는 것이 선별의 자질이다. 기독교 지도자들을 훈련하여 배출하는 일에 나선 사람이라면 매우 신중하게 선별의 원리들을 적용해야 한다.

선별은 다음과 같이 이루어져야 한다.

1. 최대한 다양하고 많은 사람 중에 선택한다.
2. 뚜렷한 목적의식을 갖고 일하고 생활하는 사람들 중에 선택한다.
3. 영적 반응에 기초해 선택한다.
4. 목적과 계획에 적합한 사람들만을 대상으로 삼는다.
5. 기도를 많이 함으로써 하나님의 뜻을 분별한다.

이런 요건에 맞추어 선별할 때에야 후보들을 제대로 훈련시키고 개발시킬 수 있다.

생각할 문제

1. 선별의 자질을 어떻게 정의할 수 있는가?
2. 선별을 통제하는 두 가지 요소는 무엇인가?

3. 복음서에 나타난 주님의 선별의 자질에서 배울 수 있는 것은 무엇인가?
4. 열두 제자를 택할 때 주님의 목적은 무엇이었는가?
5. 주님은 선택을 하기 위하여 어떤 준비를 하셨는가?
6. 선별의 다섯 가지 원리를 우리가 소속된 모임(교회 대학부, 청년부, 기독 학생회 등)의 리더를 선별하는 것과 관련시켜 토론해 보라.

4
집중

집중(concentration)은 예수 그리스도에게서 많이 발견되는 기본적인 자질이다. 만약 예수님에게 이 자질이 없었다면 주님은 열두 제자를 자신의 대사로 준비시킬 수 없었을 것이다. 이는 다른 사람을 훈련시키는 사람에게 반드시 필요한 자질이다.

자질의 정의

집중이라는 자질은 선택받은 집단에 대해 지도자가 집요한 관심을 갖고 목표가 확실히 이루어질 때까지 자신을 완전히 그 집단에게 내어 주는 능력이다. 이는 지도자의 입장에서 보면 다른 관심사나 매력적으로 보이는 길들을 포기하는 것을 의미한다. 한 가지 일에만 신경 쓰고 한 집단에만 집중하여 그들과 모든 면에서 동고동락하는 것이 필요하다. 이런 행동 지침은 넓이보다는 깊이를, 광범위한 경험보다는 집중적인 훈련을 해야 가능하다. 따라서 집중이라는 자질은 제한의 원칙을 받아들이고 실행하는 것을 의미한다.

복음서에 나타난 사실들

1. 예수님은 공생애 내내 열두 제자에 관심을 집중하셨다(요 13:1).

2. 예수님은 제자들을 혈연관계보다 더 소중히 여기셨다(마 12:46-49).

3. 예수님은 제자들과 함께 있기를 갈망하셨다. 그 같은 교제의 열망은 제자들이 주님께 표현했던 것보다 더 강렬했다(눅 22:15-16).

4. 예수님은 제자들과 살을 맞대고 지내셨다. 그들과 영적으로만 교제하지 않으셨다(요 1:38-39; 눅 8:22).

5. 예수님은 그들과 항상 함께 계셨다. 잠잘 때(눅 8:23), 여

행 중에(요 4:3-4, 8), 먹고 마시는 중에(눅 22:8, 17-18), 쉴 때(막 6:31), 기도할 때(눅 22:39-40), 주님이 하시는 모든 일에(눅 8:1).

6. 예수님은 공적으로나 사적으로 그들과 함께 계셨다. 승리의 입성을 할 때(눅 19:37), 겟세마네 동산에서(마 26:36).

7. 예수님은 어떤 상황에서도 그들과 함께 계셨다. 기쁠 때(눅 19:37), 두려워 할 때(요 6:19-20), 곤경에 빠져 있을 때(막 9:17-20).

8. 예수님은 여러 곳에서 그들과 함께 계셨다. 주님이 자라나신 곳(막 6:1), 모든 성과 촌에서(마 9:35, 37), 그 나라의 수도에서(눅 18:31), 이스라엘 영토 밖에서(마 15:21).

물론 예수님은 제자들이 영적인 체험을 할 때나 정신적인 갈등을 겪을 때도 그들과 함께하셨다.

자질의 해설

위에서 언급된 말씀이나 복음서의 다른 이야기들은 그리스도에게 이 자질이 풍부했음을 보여 준다. 이제 이 자질에 비추어 그 단락들을 더 깊이 들여다보자.

1. 예수님의 이 자질은 그분이 열두 제자에게 집중적으로 관심을 기울인 사실을 통해 나타난다. 그 결과 주님은 제자들과 함께 즐거워하셨고 그들과 매우 가깝게 지내셨다. 그분은 제자들과의 사귐을 즐기셨고, 또 그것을 기대하셨다. 그분이 제자들과 맺은 친밀한 관계는 그 어떤 관계를 뛰어넘는 것이었다.

2. 이 자질은 예수님이 제자들과 몸소 가까이 있음으로써 표출되었다. 주님은 제자들과 가까이 있는 것을 좋아하셨다. 열두 제자와 항상 가까이 계심으로써 이 자질의 실체를 보여 주신 것이다.

3. 예수님이 겪은 모든 경험, 즉 먹고 마시고 잠자고 일하고 이야기하고 여행하는 것 등 모든 개인 생활은 열두 제자가 있는 곳에서 이루어졌다. 그 모든 일을 그들과 함께하신 것이다. 그분은 하나님 아버지와 교제할 때를 제외하고는 혼자 있지 않으셨다. 하나님과 교제할 때조차 제자들은 그분 곁에 있을 수 있었다.

4. 예수님은 열두 제자가 여러 상황에 처할 때 그냥 내버려두지 않으셨다. 그분은 제자들에게 닥친 기쁨과 슬픔과 궁핍과 두려움과 곤경과 문제 가운데 그들과 함께 계셨다.

5. 일상에서 접하는 여러 지리적이고 사회적인 상황 가운데서 예수님은 자신을 주시하는 이들과 제자들에게, 자신이 제자들과 하나라는 것을 분명히 밝히셨다. 열두 제자의 관심사가 곧 그분의 관심사였고, 그들의 짐이 곧 주님의 짐이었다. 그분은 제자들과 결코 떨어지지 않았다.

6. 예수님께는 비밀이 없었고 이 세상에서 열두 제자보다 더 귀한 보물이나 몰두할 만한 관심사는 없었다. 그들은 주님의 삶과 중심을 차지하고 있었다.

집중의 원리들

집중의 자질을 이해하고 이 자질을 발휘하면, 다른 사람들을 훈련시킬 지도자들이 적용할 수 있는 여러 원리를 도출할 수 있다. 그 원리들 중 다섯 가지를 살펴보자.

우선순위의 원리. 피훈련자들은 훈련 기간 동안 훈련가의 첫 번째 관심이 되어야 한다. 물론 지도자는 하나님을 가장 먼저 사랑해야 하지만, 그 다음은 다른 이가 아닌 자신이 책임지고 있는 사람들을 향해야 한다. 피훈련자에 대한 책임은 훈련가의 임무와 우선순위 목록에서 첫 번째 자리를 차지한다.

중심성의 원리. 피훈련자들은 훈련가의 가장 소중한 보물이 되어야 한다. 그의 관심과 사랑, 심지어 잠재의식까지도 그들을 향해야 한다. 그의 생활은 어머니가 외아들(딸)을 중심으로 돌아가듯, 피훈련자들의 주위에서 맴돌아야 한다.

나눔의 원리. 훈련가는 피훈련자들에게 시간과 정력과 자원을 나누어야 한다. 이때 아끼지 말고 후하게 베풀어야 한다. 사실 이것은 삶의 한 분야만을 나누는 것을 넘어 자기 자신을 나누는 것이다.

다양성의 원리. 훈련가는 반드시 피훈련자들과 모든 종류의 경험을 함께해야 한다. 가능한 한 모든 상황과 장소와 우발적 사건들까지 그 경험에 포함함으로써, 피훈련자들이 미래에 직면할 모든 상황에 대비하도록 해야 한다. 다양성을 갖춰야 하는 까닭은 이러한 포괄적 적용을 위해서다.

완전성의 원리. 훈련가는 모든 과정을 통틀어 피훈련자들에게 몰두해야 한다. 훈련가는 일정 기간만이 아니라, 피훈련자들 스스로 더 이상 훈련가가 그들과 함께 있을 필요가 없다는 것을 알 때까지, 즉 훈련 과정이 끝날 때까지 계속 개입해야 한다.

위에서 말한 원리들을 모두 합치면 하나로 귀결된다. 즉, 훈련가가 택한 피훈련자들은 반드시 그 훈련가의 관심과 생각과 기대와 사랑과 계획과 활동의 중심이 되어야 한다. 달리 말하면, 피훈련자들을 떠나 사는 훈련가는 상상할 수 없다.

자질의 적용

집중의 자질은 자신의 소명과 책임에 성실히 전념하는 지도자에게서 나타난다. 이는 농부가 생계를 위해 농사에 전념하는 것과 비슷하다. 지도자가 이런 식으로 자신의 책임을 다한다면, 그의 삶은 피훈련자들 안에서 변화되고 재창조된다. 피훈련자들은 일상적이고 우연한 기회에, 즉 훈련가에게 어떤 계획이나 경계심이 없을 때 그의 성품을 봄으로써 그를 이해하게 된다. 이것이 현실적으로 가능하려면 집중의 자질이 매일의 훈련 과정에 적용되어야 한다. 이것이 리더십 훈련의 기본 자질 중 하나인 이유다. 이 자질은 훈련가들에게 요구되는 결코 쉽지 않은 자질이다.

생각할 문제

1. 집중의 자질이 무엇인지 정의해 보라.
2. 주님이 열두 제자에게 집중하신 방법을 열거해 보라.
3. 그리스도께서 보이신 '집중'의 예를 복음서에서 살펴보고, 그분이 치른 대가와 그분이 낳은 열매가 무엇인지 이야기해 보라.
4. 집중의 다섯 가지 원리를 설명해 보라.
5. 그 원리들을 훈련가로서의 우리의 삶에 어떻게 적용할 수 있는가?

5

소통

이 세 번째 자질은 위대한 훈련가이신 예수 그리스도가 보유한 가장 뛰어난 자질인지도 모른다. 이 한 가지 자질만으로 주님의 전 인격과 그분의 공적 사역을 요약할 수도 있다. 나는 소통이라는 특별한 능력이 열두 제자를 재생산한 핵심 능력이었다고 생각한다. 누구나 그런 것은 아니지만 다른 사람을 훈련하는 지도자 중 대다수가 겪는 가장 높은 장벽이 바로 소통의 문제다. 이 점에서 주님은 타의 추종을 불허할 정도로 훌륭한 본을 보이셨다.

자질의 정의

소통(communicativeness)의 자질이란 지도자가 다른 사람에게 실존적 생활 현장에서 가능한 여러 수단을 동원하여 자신이 전달하고자 하는 기본적이고 중요한 메시지를 빠짐 없이 효과적으로 전달하는 능력을 말한다. 이것이 이 자질의 중심 목표요 결과다. 소통에 능한 선생은 자신이 원하는 바를 제자들에게 매우 성공적으로 전달할 수 있으며, 훈련 집단에서 가장 우둔한 자라도 중요하고 기본적인 메시지를 이해할 수 있게 한다. 그런 선생은 모든 수단과 방법을 사용하는데, 말하기나 대화를 주요 수단으로 사용한다. 그러나 말 자체만으로는 충분한 소통이 어렵다. 따라서 훌륭한 선생은 자신의 목적을 위해 삶의 모든 상황과 경험과 환경 등을 이용한다. 즉, 위대한 훈련가의 삶에서 일어나는 한 가지 일이라도 소통의 자질과 직접적으로나 간접적으로 관련이 있다. 그러므로 우리는 소통의 자질이야말로 훌륭한 선생, 혹은 위대한 훈련가의 가장 두드러지는 특성이라고 결론 내릴 수 있다.

복음서에 나타난 사실들

다음에서 볼 수 있듯이 복음서에는 이 자질과 관련한 말씀이 많다.

1. 예수 그리스도는 담화와 대화를 통해 소통하셨다. 담화는 주제가 분명하고 목적이 뚜렷한 비공식적 대화를 말한다. 여기서 열두 제자와 관련한 주님의 담화를 관찰하기 위해 이와 관련한 몇 가지 사항을 주목해 보자.

1) 예수님은 담화를 통해 가르치셨다(마 5:1-2, 마태복음의 산상수훈은 한두 번의 강의를 기록한 것이 아니라 주님의 공생애 중 일정 기간에 걸친 비공식적 담화를 통해 얻은 가르침이었다: 한 자리에서 한꺼번에 주신 한 편의 설교는 마태복음 23장의 말씀뿐일 것이다).

2) 예수님은 열두 제자에게 직접 말씀하심으로써 가르치셨다. 그들에게 대놓고 말씀하셨던 것이다(마 20:24-28; 막 9:19).

3) 예수님은 제자들을 가르치기 위해 간접적으로 말씀하시기도 하셨다. 이런 식의 가르침은 다른 사람들에게 말씀하시는 것을 통해 이루어졌다(마 13:1-3, 10-11, 36).

4) 예수님의 담화는 삶 전반을 아우르는 포괄적인 것이었다. 그분은 봇짐과 옷, 현금과 숙소, 거처 등 제자들의 여행과 관련된 실제적인 문제들을 이야기하기도 하셨다(마 10:5, 9-11). 그리고 누가복음 19:29-31, 22:7-12 등에서 알 수 있듯이 의무와 맡겨진 일들에 대해서도 상세하게 말씀하셨다. 또 그분은 동료들 사이의 경쟁과 승진과 리더십과 섬김 같은 일상생활의 주제들에 대해서도 말씀하셨다(마 18:1-3; 20:21 이하; 요 13:13-15).

5) 예수님은 담화를 통해 교훈들을 반복해서 가르치셨다(마 16:7-10).

6) 예수님은 비유와 풍유를 사용해 말씀하셨다(요 15:1 이하; 마 18:21-35). 이 방법을 사용할 때, 제자들이 이미 알고 있는 경험에서 알지 못하는 진리를 이끌어내는 원리를 사용하셨다. 예수님은 지상의 이야기로 천국의 실재를 묘사하셨는데, 이는 이미 알려진 것으로 미지의 것을 가르치는 원리를 사용하신 것이다.

7) 간단히 말해 예수님은 담화에서 온갖 주제를 다루셨다. 영적 진리와 신비(마 13:11), 결혼과 독신(마 19:10 이하), 노동과 돈벌이, 돈을 쌓아 두는 것과 먹고 마심, 의복과

거처와 가정생활(마 6:19-34), 과거와 현재와 미래의 문제들(마 24장), 사회적이고 정치적이며 종교적인 문제들을 분석하고 폭로하셨고(마 23장 등), 계명과 약속을 주셨고 격려하셨고 경고(요 13-15장) 하셨다.

2. 예수님은 표적과 기사(기적)들을 통해 메시지를 전달하셨다(요 2:11 등).

3. 예수님은 행동 및 실제 상황을 통해 소통하셨다(요 4:27, 31-34; 14:11).

4. 예수님은 밀려드는 여러 요구에 아무런 반응을 보이지 않으심으로 의사를 표하기도 하셨다(요 11:6, 14-15).

5. 예수님은 자신의 전 생애에 걸쳐 인격적으로 소통하셨다(요 14:9; 요일 1:1, 3).

자질의 해설

위에서 살펴본 말씀들과 복음서의 다른 이야기를 통해 우리는 다음과 같은 결론을 내릴 수 있다.

1. 예수 그리스도의 말씀과 활동과 행위와 전 생애는 의

사소통의 자질을 잘 보여 준다. 그분의 삶의 전반적 목적은 소통이었다. 이는 하나님의 의사소통, 즉 계시였다.

2. 예수님의 삶에서 드러난 이 자질은 모든 형식적이고 인위적이며 기술적인 도구들을 불필요하게 만들었다. 대신 그분은 가르침과 의사소통을 위해 일상에서 쉽게 얻을 수 있는 기본적이고도 일상적인 것을 사용하셨다. 그분은 지극히 단순하고 명쾌했으며 이해하기 쉬웠다. 그분은 복잡하거나 까다로울 필요가 없었다.

3. 이러한 자질이 있었기에 예수님은 하루 종일 겪는 어떤 상황이나 경험도 소통에 활용할 수 있었다. 그분의 가르침은 경험적이고 인격적이며 응용적이고 무형식적이며 초보적이고 본능적인 성격을 띠었다.

4. 예수님의 소통 방식은 형식이 지배하는 현대 교육 철학이나 학교 수업 같은 분위기를 거부하는 것이었다. 그분의 삶 자체가 하나의 교실이었다. 그분은 수업 시간이나 배우는 시간을 따로 정해 놓지 않으셨다. 매일의 경험과 일상에서 벌어지는 모든 사건이 곧 배움과 가르침의 계기였던 것이다.

5. 예수님이 소통하는 목표는 분명했다. 그분은 정보나 지적 명제 혹은 철학 개념을 전달하는 데 목표를 두지 않았

다. 그분은 자신을 내어 주고 드러내심으로써 자신의 생각과 지식과 통찰력 등이 제자들의 것이 되게 하셨다.

6. 이 자질은 훈련 프로그램을 운영할 때 긴장을 풀어주었고 포용력 있게 했으며 효과적이었다. 또 명확하고 분명하며 솔직하게 반응하도록 해주었다.

기본적으로 열두 제자가 주님의 모습을 재현하도록 해준 핵심 자질이 바로 소통이었다. 이 자질이 그들에게 필요한 내적 동력을 제공해 주었다. 즉 소통은 주님의 성육신과 동일시의 표출이었다.

소통의 원리들

우리는 위대한 훈련가이신 그리스도의 인격과 우리가 연구하고 있는 이 자질에서 리더십 훈련에 필요한 일곱 가지 원리를 끌어낼 수 있다.

총체성의 원리. 훈련가의 모든 생활과 활동은 소통을 위해 존재해야 한다. 지도자의 어떤 일상이라도 하찮은 것은 없고, 따로 제쳐 놓을 만큼 위대한 것도 없다. 훈련가의 삶 전체가 중요하다.

단순성의 원리. 훈련시키는 지도자는 이해할 수 없는 복잡한 말을 하거나 허풍을 떠는 사람이어서는 안 된다. 그는 자연스럽고 평범하며, 모든 면에서 피훈련자와 같은 수준에 있어야 한다. 그 위치에서 의사를 전달해야 한다.

포괄성의 원리. 지도자는 진리를 전달하기 위해 하루 24시간 전체와 자신의 모든 경험을 활용해야 한다. 특정한 시간이나 잘 준비된 상황뿐 아니라 일상의 모든 기회와 수단을 메시지를 전달하는 데 이용할 수 있어야 한다. 이는 소통 과정에 지도자의 모든 경험과 상황과 문제가 포함되어야 함을 의미한다. 지도자의 생활이 모든 차원에서 피훈련자들과 더불어 혹은 그들 앞에서 이루어져야 하기 때문이다.

자연스러움의 원리. 피훈련자는 반드시 자신의 생활 현장이나 환경 속에서 훈련받아야 한다. 즉, 메시지가 반드시 피훈련자들이 익숙한 상황이나 쉽게 직면하는 상황에 맞게 전달되어야 한다. 피훈련자에게 익숙하지 않은 환경에서 훈련한다 해도, 훈련가는 피훈련자가 자신의 통찰력을 일상에 적용할 수 있을 때까지 만족해서는 안 된다.

존재의 원리. 지도자는 자신을 전달해야지 자신이 가진 정보나 의견, 생각, 혹은 새로 찾아낸 사실만을 전달해서는 안 된다. 지도자라는 존재는 그의 인격과 생활 방식, 통찰력, 전문 지식, 그가 있는 곳에 도달할 수 있는 방법 등을 포함한다. 자기 자신을 전하는 것이야말로 소통의 핵심이다. 스스로를 전하려는 마음이 없거나 그럴 능력이 없다면 훈련가가 되어서는 안 된다. 그런 점에서 이 원리야말로 소통의 근본 원리다.

유효성의 원리. 훈련가는 자신의 메시지가 전달되고 있는지 반드시 확인할 수 있어야 한다. 이것이 소통의 유효성이다. 훈련가가 잘 소통하고 있을 때는 긴장하지 않고 유연하며, 복잡하지 않고 분명하고 명확하다. 또 불분명하거나 일반적이지 않고 명쾌하며, 독단적이거나 모호하지 않다.

효율성의 원리. 지도자는 반드시 이 일로부터 만족감을 얻을 수 있어야 한다. 그는 주어진 상황에서 최선을 다했고 최상의 결과를 얻었다는 사실을 안다. 효율성은 결코 생산성에 의해 결정되지 않는다. 하나님의 뜻대로 최선을 다했다는 만족감이 효율성을 결정하는 기준이다.

자질의 적용

리더십 훈련에 관여하고 있으나 소통의 자질이 무엇인지 이해하지 못했거나 이 자질을 갖고 있지 못한 사람은 진정한 훈련가가 될 수 없다. 지도자 자신을 바르게 전달하고 소통하며 재생산하기 위해 이 자질은 매우 중요하다. 리더십 훈련에서 이 자질은 아무리 강조해도 지나치지 않다. 지도자는 훈련 과정에서 그가 전달하려는 세부적인 내용까지 완진히 일치된 삶을 살아내야 한다. 뛰어난 지적 능력이나 학문적 업적, 열망만으로는 충분하지 않다. 훈련가의 말과 행동과 마음가짐 모두가 일관되게 전달되어야 한다. 이 모든 측면이 결국 제자들에게 전달되기 위해 존재하기 때문이다.

요약하면, 효과적인 소통이 이루어지려면 선생은 다음과

같은 요건을 갖추어야 한다.

1. 자신의 삶 전체를 그 목적에 맞추어 조율할 것.
2. 단순성을 고수할 것.
3. 소통을 위해 모든 직간접적인 기회와 여건을 사용할 것.
4. 피훈련자가 처한 자연스러운 환경에서 그를 훈련시키려고 할 것.
5. 자신의 통찰력과 더불어 자기 자신을 주고자 하는 계획과 프로그램이 있을 것.
6. 형식에 구애받지 않고 유연하며 모호하지 않은 분명한 방법으로 가르칠 것.
7. 지도자가 전하는 메시지를 피훈련자가 잘 파악하고 있으며 그것을 일상에 적용하기 위해 애쓰고 있다는 표지를 찾을 것.

생각할 문제

1. 소통의 자질을 정의해 보라.
2. 소통의 목적은 무엇인가?

3. 주님은 어떻게 소통을 하셨는가?
4. 소통의 원리들을 살펴보라. 당신의 훈련 프로그램에 적용하고 있는 것은 무엇인가?
5. 훈련 프로그램의 효율성을 어떻게 평가할 수 있는가?
6. 제자들을 훈련시키는 사람으로서가 아니라 복음을 전하는 그리스도인으로서 소통의 원리들을 당신의 삶에 적용해 보라.

6

투명성

투명성(transparency)은 훌륭한 훈련가의 타고난 필수 성품이다. 이는 소통의 자질과 밀접한 관련이 있다. 사실 투명성은 소통을 강화시켜 준다. 한편으로는 피훈련자가 이 자질을 주관적이고 감정적이며 혹은 고집불통인 것으로 오해할 소지가 있어 고통이 따를 수도 있다. 오해를 받고 어떤 대가를 치르더라도 이 자질을 외면하고서는 진정한 지도자가 될 수 없다.

자질의 정의

투명성이란 피훈련자들이 훈련가를 철저하게 알 때까지 숨

김 없이 자신을 완전히 노출시키는 위대한 훈련가의 자질이다. 달리 말하면, 투명성이란 자신의 정체를 다른 사람에게 드러내는 것, 즉 가면을 벗어 버리는 것이다. 다른 사람에게 아낌없이 기꺼이 또 성실한 마음으로 자신의 정체를 드러내는 정도가 투명성의 자질을 가늠하는 척도다. 이는 또한 감추고자 하는 것이 전혀 없고 자신을 완전히 드러내겠다는 지도자의 의지를 전제로 한다. 즉, 지도자가 겉 다르고 속 다른 면이 없음을 보여 주는 것이다. 피훈련자에게 의미 있는 존재가 되기 위해서는 지도자 입장에서 점진적이고 단계적으로 또 목적의식을 가지고 이 자질을 발휘해야 한다.

투명성은 한 인격이 지닌 특별한 속성이어서 훈련가 스스로 다른 이에게 드러내지 않으면 누구도 확실히 알 수 없는 것이다. 그러므로 자신을 드러내지 않으면서 베일만 벗는 것은 진정한 드러냄이 아니다. 자아가 드러나지 않는 투명성은 참된 투명성이 아니라 가공되고 탁한 투명성이다.

여기에서도 전제가 되는 것은 자아를 드러낼 책임과 주도권이 지도자 자신에게 달려 있다는 점이다. 따르는 이들이 지도자에 대해 캐물어서는 안 된다. 또한 진취적인 학생들의 호기심이 스승의 정체를 알아내도록 해서도 안 된다. 자신을 드러내는 일에 있어 주도권은 스승에게 있기 때문이다.

투명성을 발휘할 때 행위자는 자신의 전체를 드러내야 한다. 이는 자신의 본질과 뉘앙스를 모두 드러내는 것을 의미한다. 따라서 투명성을 실제로 깊이 있게 발휘하기 위해서는 지도자가 큰 부담을 느낄 수밖에 없다. 자기 노출이란 쉽지 않기 때문이다. 이는 고통스러운 과정이다. 그럼에도 자기 노출은 투명성의 확실한 증거임에 틀림없다.

노출자와 피노출자가 쓰는 언어(또 그들 사이에 오가는 언어의 기능)는 투명성을 발휘하는 데 가장 명백하고 효과적인 수단이다. 행동과 표시와 상징 등도 자기 노출에 유용하지만 자신을 전적으로 드러내기에는 충분하지 않다. 그러므로 말과 언어의 기능이 가장 효과적인 수단이다. 우리는 투명성의 자질이 곧 하나님의 자질임을 안다. "하나님은 빛이시니 그에게는 어두움이 조금도 없으시니라"(요일 6:6). 따라서 하나님도 자기 계시가 가능하다. 그분의 아들 예수 그리스도가 완전히 성취하신 것이 바로 이 현상이다.

복음서에 나타난 사실들

우리는 복음서에서 다음의 주요한 사실들을 발견할 수 있다.

1. 투명성과 자기 노출은 주 예수의 인격적인 자질이다. 그분은 친히 이 일에 관여하셨다(마 16:13-15; 17:1-2). 수년 후 베드로의 증언에 따르면 주님의 자기 드러내심은 충분한 효과를 발휘했다(벧후 1:16-18).

2. 주님은 주도적으로 자신을 드러내셨다(마 16:13, 16; 17:1).

3. 예수님은 자신을 3년에 걸쳐 점진적으로 계시하셨다. 이는 주님이 공생애를 시작하신 때를 가리키는 요한복음 1:39과 공생애 마지막에 이르렀을 때인 요한복음 14:5-11을 참고하면 알 수 있다.

4. 예수 그리스도에게는 투명성과 자기 계시가 같았지만 제자들(베드로, 마태, 요한, 도마 및 그 외 사람들)은 각각 다른 기준으로 주님을 이해했다(마 16:16; 요 6:68; 14:5, 8; 사복음서). 복음서에 나오는 그리스도에 대한 묘사는 기자에 따라 다르다. 그러나 그분은 모든 제자에게 자신을 동일하게 드러내셨다.

5. 예수님은 열두 제자에게 완전하고도 종합적으로 자신

을 드러내셨다.

1) 예수님은 자신의 권능과 위대함의 비밀을 드러내셨다(요 6:11; 11:41).

2) 예수님은 자신의 삶의 목적을 밝히셨다(요 4:31-38; 눅 19:10).

3) 예수님은 자신의 계획을 분명히 밝히셨다(마 16:21).

4) 예수님은 자신의 인격의 극치를 나타내셨다(막 9:2).

5) 예수님은 또한 인간으로서 자기 존재의 가장 낮은 모습을 보여 주셨다(마 26:38-40).

자질의 해설

예수 그리스도는 실수하지 않고 뛰어난 방법으로 이 자질을 드러내셨다. 투명성은 주님이라는 존재의 본질에 해당했고, 그런 의미에서 투명성은 그분의 인격적 자질이었다. 이 자질이 매우 훌륭하게 드러났기 때문에 투명성을 떠나서는 주님을 알 수도 이해할 수도 없다. 투명성이 발휘될 때 다음과 같은 현상이 일어났다.

1. 예수님은 제자들에게 점진적으로 자신을 드러내 보이셨다. 제자들은 예수님의 계시를 단번에 받을 수 없었다. 예수님 또한 자신과 하나님 아버지를 제자들에게 단숨에 모두 계시하실 수 없었다. 이를 위해서는 시간과 다양한 기회가 필요했다. 이처럼 주님의 투명성은 일관적이면서 지속적이었다.

2. 투명성과 투명성의 발휘는 제자들의 이해나 반응에 영향을 받지 않았다. 주님은 제자들의 이해력이 각자 다름에도 모두에게 자신을 계속 드러내 보이셨다.

3. 자신의 정체를 밝히는 주도권과 책임은 예수님에게 있었다. 제자들이 강제로 주님의 정체를 드러낸 것이 아니다. 그분은 의도와 목적을 갖고 자발적으로 자신을 드러내셨다. 주님이 투명하게 자신을 드러내신 것은 그것이 그분의 성품이었기 때문이다. 그분은 자신이 세상의 빛이며 그 빛에는 어두움이 없다고 말씀하셨다.

4. 예수님은 자신이 누구인지를 완전하게 보여 주셨다. 제자들에게 어떤 것도 감추지 않고 자신의 삶의 비밀과 능력을 드러내셨다. 삶의 목적과 계획도 모두 보여 주셨다. 변화산에서의 절정과 겟세마네에서의 최저 상태 모두를 그분

은 제자들 앞에 분명히 드러내셨다. 또한 주님의 전 인격은 모든 일상에서 그들 앞에 나타났다. 일상에서야말로 자기 노출이 가장 잘 드러나기 때문이다.

5. 예수님은 투명성을 발휘하심으로 자기 계시를 완벽하게 수행했다. 자기 계시의 효과는 매우 좋은 결과를 가져왔다. 열두 제자는 주님 자신에 관한 메시지를 받았다. 제자들은 이 사실을 정확히 포착해서 잊지 않도록 마음에 새겼다. 이후 그들이 보여 준 삶이 이를 생생하게 증명한다.

투명성의 원리들

투명성을 리더십 훈련에 적용할 때 우리는 다음의 여섯 가지 원리를 도출할 수 있다.

타고남의 원리. 투명성은 천성적인 자질이기에 노력한다고 만들 수 있는 것이 아니다. 이 자질을 가진 사람이 있고 갖지 못한 사람이 있다. 이는 리더십 훈련에서 이 자질이 훈련가에게 기본적으로 필요하다는 뜻이다.

점진성의 원리. 투명성을 피훈련자에게 발휘할 때는 점진적이고 계획적인 단계를 밟아야 한다. 이 자질이 지도자에게 충분하다 하더라도 자기 계시는 반드시 점진적으로 이루어져야 한다. 훈련가가 단번에 모든 것을 드러낼 수 없을 뿐 아니라, 피훈련자가 훈련가의 자기 노출을 한꺼번에 받아들일 수 없기 때문이다. 자기 계시는 점진적인 과정이다.

불변성과 지속성의 원리. 지도자는 피훈련자를 언제 어디서나 투명하게 대해야 한다. 한결같이 일관적으로 투명해야 하는 것이다. 투명성이 그의 인격적 자질이라면 그는 항상 투명할 것이다. 투명한 삶은 피훈련자의 반응이나 이해력에 좌우되거나 영향을 받지 않는다. 지도자는 이것과 상관없이 계속해서 투명할 것이다.

의도성과 주도권의 원리. 지도자는 반드시 의도적으로 피훈련자에게 자신을 열어 보여야 하며 이때 주도권은 지도자가 갖고 있어야 한다. 피훈련자는 선생의 인격적 비밀을 들춰낼 필요가 없으며 그렇게 할 수도 없다. 선생은 계속해서 이 원리의 지배를 받아야 한다. 이는 지도자가 노력해서 얻을 수 있는 결과가 아닌 본성의 일부다.

포괄성의 원리. 지도자는 자신에게 맡겨진 이들에게 반드시 인격과 경험 전부를 드러내야 한다. 이는 모든 형태의 경험을 나눔으로써 가능하다. 여기에는 지도자의 내적 생활, 즉 영적 동력과 신성한 경험과 특정한 행동의 이유, 내적 갈등과 문제, 감정과 사고 작용, 계획과 프로그램과 안건, 환희와 의기소침, 그 외 다양한 양상이 포함된다. 이처럼 최대한 깊이 자신을 열어 보이기 위해서는 가급적 피훈련자와 많은 시간을 함께 보내야 한다. 특별한 경험을 하고 있을 때는 더욱 그래야 한다. 그렇기 때문에 지도자의 역할은 연구실이나 교실처럼 제한된 영역에 갇히지 않는다.

책임 완수의 원리. 훈련가는 드러내지 않은 것이 하나도 없음을 확신해야 한다. 또한 피훈련자는 지도자가 교묘하게 또는 기만적으로 어떤 것도 숨기지 않았음을 반드시 알아야 한다. 피훈련자는 훈련가가 참으로 성실하고 투명하다고 확신해야 한다.

자질의 적용

지금까지의 논의를 결론 내리면 다음과 같다. 지도자가 자신의 존재를 투명하게 알리지 않으면 진정한 소통은 불가능하다. 유능한 훈련가는 성실할 뿐 아니라 투명하다. 지도자를 재생산하는 일은 이 자질을 발휘하는 것과 직접적으로 관련된다.

내적 생활을 감추고 혼자 있기를 즐기며 사생활을 중시하는 사람이나 은둔하기를 좋아하는 사람은 리더십 훈련 프로그램에 적합하지 않다. 그런 사람을 좋아하거나 존경하는 팬들은 있을지 몰라도 그는 다른 사람에게 자신의 모습을 심어 줄 수는 없다. 자신을 드러내고 다른 사람들을 세우는 일은 기독교의 기본이다. 기독교 신앙은 공동체적 신앙이지 자기 자신만의 사적 종교가 아니기 때문이다.

이 장의 결론은 다음과 같다. 훈련가가 투명하게 자신을 드러내는 일은 리더십 훈련의 기본이다.

생각할 문제

1. 투명성의 자질을 정의해 보라.
2. 투명해지려면 어떤 대가를 치러야 하는가?
3. 투명성에 관련한 기본 전제들은 무엇인가?
4. 훈련가의 역할이 특정 환경에 한정되면 안 되는 이유는 무엇인가?
5. 투명성의 여섯 가지 원리를 자신에게 적용해 보라. 당신은 얼마나 투명한가? 모든 원리를 자신의 것으로 만들려면 어떤 준비가 필요한가?

7
유용성

이번에 논의할 자질은 유용성(availability)이다. 이 자질을 좀 더 연구해 보면, 이 자질이 유용성이라는 단어의 사전적 의미보다 더 포괄적인 의미를 갖고 있음을 알게 된다. 탁월한 유용성이란 미덕이 바로 그것이다. 이 자질은 성육신으로부터 곧바로 흘러나온다. 위대한 훈련가의 유용성은 성육신의 목적이다. 리더십 훈련 과정에서 이 자질이 빚어내는 효과와 결과는 매우 놀랍다.

자질의 정의

지도자의 유용성이란 스스로를 완전히 피훈련자들에게 맡

기고 피훈련자들을 신뢰함으로써 그들이 지도자를 완전히 신뢰하도록 하는 능력이다. 이 자질로 인해 피훈련자들은 지도자를 지속적으로 신뢰하게 되는데, 이는 지도자가 처음부터 피훈련자들을 신뢰하고 그 신뢰를 유지하는 것이 전제되어야 가능하다. 이와 같은 지도자의 주도권은 피훈련자들에게 자기 자신을 유용한 존재로 내주고 여러 환경 속에서 그들과 동일시할 때 증명된다.

지도자는 자신을 피훈련자들에게 매우 실천적인 수준에서 내어 준다. 그가 지닌 유용성은 자신을 물리적으로 그들 곁에 둠으로써 투명하게 드러난다. 이는 지도자가 피훈련자들의 손짓과 요청에 확실히 반응할 뿐 아니라 도움이 필요한 상황을 예측하여 미리 경계하도록 하고 도움을 준다는 뜻이다. 따라서 이 자질은 부모의 자질과 유사하다. 지도자에게 이 자질이 풍부하면 사람들은 그와 교제하기 위해 스스로 찾아와 그에게 도움을 요청한다.

복음서에 나타난 사실들

복음서에는 예수님에게 이 자질이 있음을 분명히 묘사하는 단락들이 많다. 몇 가지만 살펴보면 다음과 같다.

1. 예수님은 제자들이 비난과 공격을 받았을 때 그들을 옹호했다(마 12:1-8).

2. 예수님은 열두 제자가 당할 상황을 예견하고 그들에게 닥칠 여러 가지 문제에 대해 미리 경고하셨다. 그분은 그들이 직면할 수 있는 원수들과 문제들, 또 그런 것들에 대처할 방법들을 일러 주셨다(마 10:16-23). 주님은 그들이 저지를 수 있는 실패와 압박으로 인한 배반에 대해 경고하셨다(마 26:20-21, 31). 베드로와 유다의 경우에는 그들이 저지를 실패에 대해 미리 경고하셨고, 베드로에게는 그를 위해 기도할 것이라고 확언하기도 했다(마 26:23-25; 눅 22:31-34).

3. 예수님은 열두 제자를 보호하기 위해 또 갖가지 곤경에 빠진 그들을 돕기 위해 수고를 아끼지 않으셨다(막 4:37-40).

4. 예수님은 제자들에게 중대한 책임들을 맡김으로써 그들을 신뢰하고 있다는 것을 보여 주셨다(마 10:1, 5-6).

5. 예수님은 여러 수준에서 자신의 유용성을 나타내셨다. 베드로의 경우처럼 한 개인에게 유용한 존재가 되기도 하셨으며(막 1:30-31; 눅 22:31 이하), 제자들 모두에게 자신의 유

용성을 보여 주기도 하셨다(마 17:17-18). 주님의 유용성은 잠이나 휴식 같은 신체적 욕구와 관련한 일에서 사려 깊은 모습으로 나타나기도 했다(마 26:45; 막 6:31). 그것은 또한 영적 진리들에 관련한 주님의 예견에서도 볼 수 있다(마 16:17-20).

6. 열두 제자는 온갖 상황에서 주님께 나아왔다. 당황스럽고 어찌할 바를 모를 때 주님께 나아왔으며, 자신들이 보고 경험한 바를 그분께 보고했다(마 17:19-20; 눅 10:17). 영적 교훈을 얻기 위해 그분께 나아오기도 했다(눅 11:1). 어려운 문제들을 가지고 그분께 다가갔으며, 곤경에 처했을 때 주님을 찾았다(마 13:10, 36; 막 4:38).

7. 그들은 주님의 명령이 비록 그들의 이성에 거슬릴지라도 명령을 수행할 각오가 되어 있었다(눅 5:4-5).

자질의 해설

위에 언급한 말씀들과 복음서의 여러 곳을 연구해 보면 유용성과 관련하여 다음 사항들을 발견하게 된다.

1. 예수님은 열두 제자가 공격을 받을 때 과감히 나서서

옹호하셨다. 그들이 육체적인 괴로움을 당할 때 보호하셨고, 가능한 모든 방법을 동원해 그들을 도우셨다. 그들의 영육 간의 안전과 안녕을 책임지셨다. 그들이 당하는 신체적 곤경에 깊은 관심을 보이셨고, 장래에 그들이 영적으로 성숙할 것을 굳게 믿으셨다.

2. 예수님은 제자들의 실패와 연약함을 예견하셨다. 그래서 그분은 미리 그러한 것들을 경고하셨고, 장차 강해질 수 있도록 예방적 조치들을 취하셨다. 이것이 가능하고 적절하다면 예방이 치료보다 낫다고 생각하신 것이다.

3. 열두 제자에게 미리 경고하고 충고했음에도 불구하고 그들이 주님을 저버리고 실망시킬 소지가 있음을 아셨을 뿐 아니라, 그분은 제자들에게 책임을 맡기고 할 일을 주심으로써 그들에 대한 신뢰를 보여 주셨다. 그분은 언제나 열두 제자에게 낙관적인 태도를 취하셨다. 그들에 대한 희망을 버리지 않으셨다. 끝까지 그들을 굳게 믿으셨다. 이 태도에 있어 주님은 변함이 없으셨다.

4. 예수님은 결코 열두 제자를 편애하지 않으셨다. 그들 모두에게 자신을 아낌없이 주시되 무엇보다 개인적인 배려를 아끼지 않으셨다. 그분의 유용성과 사려 깊음, 관심이 그

들 모두를 품은 것이다. 열두 제자 개개인, 특히 그중에서 보다 연약한 자들에게 주님은 관심을 가지셨다.

5. 주님은 미리 내다보고 배려했으나, 그들에게 맡긴 책임을 취소하거나 그들 스스로 선택할 기회를 박탈하지는 않으셨다. 반대로 개인 생활의 문제나 공동 관심사에 있어서 제자들이 나름대로 선택하고 책임지는 것을 지켜보셨다. 그들을 위해 모든 것을 해주시지 않고 그들 스스로 책임 있게 행동하도록 하셨다.

6. 무엇보다 다양한 상황에서 여러 방식으로 표현된 주님의 유용성은 열두 제자가 그분을 신뢰하도록 만들었다. 따라서 그들은 일상적인 상황 속에서 예수님께 자연스럽게 반응했다. 제자들은 주님을 두려워하기는커녕 언제든 그분에게 다가갈 수 있었고, 그분이 유용한 분임을 알고 있었다.

유용성의 원리들

이 자질로부터 이끌어낼 수 있는 원리는 모두 여섯 가지다. 이는 유능한 지도자라면 누구나 리더십 훈련에서 활용해야 하는 것들이다.

완전한 책임의 원리. 이는 지도자가 피훈련자들과 관련한 모든 종류의 책임을 기꺼이 지는 것이다. 여기에는 그들의 신체적 안전과 개인적 문제, 사회적 관계와 영적 관심사 외의 다양한 영역이 포함된다. 지도자는 이 모든 것을 완전히 받아들인다. 지도자는 제자들을 떠밀어 물에 빠뜨린 뒤 빠져 죽든지 헤엄쳐 나오든지 알아서 하도록 내버려두어서는 안 된다. 훈련가는 자신이 맡은 피훈련자들이 새로운 리더십 훈련 프로그램에 적응하도록 도와야 할 책임이 있다. 이를 통해 피훈련자들은 지도자가 자신과 함께한다는 것을 알게 된다.

예방 혹은 방지의 원리. 언제 어디서나 지도자는 피훈련자들에게 닥칠 위험이나 문제를 사전에 경고하고, 또 불의의 사건들에 어떻게 대처해야 하는지를 미리 가르쳐 주어야 한다. 이는 지도자가 그들에게 관심이 있고 그들과 관련한 모든 일을 포함해 그들을 염두에 두고 있다는 것을 증명한다.

낙관주의의 원리. 훈련가는 피훈련자들이 겪은 실패나 훈련가를 실망시킬지도 모른다는 우려에도 불구하고 그들을 신뢰할 수 있어야 한다. 이러한 신뢰감을 확실히 보이는 방법은 그들에게 중요한 것이든 사소한 것이든 책임을 맡김으로써 사려 깊게 대하는 것이다. 지도자는 이를 실천하면서 자신의 기대에 미치지 못하더라도 피훈련자들에게 시종일관 희망을 두어야 한다. 하나님에 대한 신뢰나 모든 것이 선을 이룰 것이라는 생각을 제외하고 낙관적으로 생각할 만한 것은 거의 없을 것이다.

개별성과 전체성의 원리. 지도자는 반드시 피훈련자 한 사람 한 사람을 개별적으로 보살필 뿐 아니라 그들을 전체적으로도 돌봐야 한다. 그 집단의 어떤 한 사람이나 몇몇을 편애하거나 불공평하게 대해서는 안 된다. 그는 자신이 맡은 피훈련자 모두에게 똑같이 유용한 존재가 되어야 하고, 그들도 이 사실을 알고 있어야 한다. 그리고 그들은 도움을 필요로 하는 자 또는 그 집단에서 다른 이들보다 연약한 자를 지도자가 특별히 도울 것이라는 사실을 의식하고 있어야 한다.

자유로운 도덕적 행위의 원리. 훈련가는 피훈련자 집단 전체와 피훈련자 개개인에게 스스로 결정하고 선택하며 행동하는 등 개인이 책임을 행사할 기회를 반드시 주어야 한다. 예견이나 예방적 도움(위의 두 번째 원리에서처럼) 때문에 피훈련자들이 개별적으로 또는 그들 전체에 닥치는 문제들에 대해 자유롭게 그리고 도덕적으로 행동할 수 있는 능력이 방해받아서는 안 된다.

상호성의 원리. 유용성의 자질이 제대로 발휘되고 있는가는 피훈련자들이 선생에게 보이는 자발적이고도 완전한 반응으로 알 수 있다. 지도자가 지닌 유용성의 자질은 피훈련자들에게 건전한 반응을 불러일으켜 어려움과 고난과 기쁜 일이 있을 때 자발적으로 그를 찾아오게 한다. 유용성을 바탕으로 한 관계는 자연스레 이런 반응을 불러일으킬 것이다.

자질의 적용

훈련 작업의 동력과 역학 모두를 순조롭게 하는 것은 지도자가 가진 유용성의 자질이다. 여기서도 이 자질의 작용과 관련한 책임과 주도권은 지도자에게 있다. 피훈련자들의 필요와 상황은 각기 다르기 때문에, 앞서 생각하고 미리 계획을 세우며 때때로 자신을 점검하여 이 자질이 피훈련자 각각에게 효과를 발휘하고 있는지 확인하는 것은 지도자의 몫이다. 지도자는 자신에게 요구되는 이러한 것들을 충족시킬 준비를 하고 있어야 한다. 예측 능력이나 계획성이 부족해 어쩔 줄 몰라서는 안 된다. 지도자에게 유용성이 풍부하지 않을 때 리더십 훈련의 전 과정은 머잖아 따분하고 지겨워져서 결국 중단되고 말 것이다. 반면에 이 자질이 풍성할 경우에는 리더십의 재생산 과정이 효과적이고 건강하며 풍요로워질 것이다.

생각할 문제

1. 유용성의 특징은 무엇인가?
2. 예수님은 피훈련자들에 대한 신뢰를 어떻게 나타내셨는가?
3. 자유로운 도덕적 행위의 원리는 어떤 의미인가?
4. 개별성과 전체성의 원리를 당신은 얼마나 적용하고 있는가?
5. 이 여섯 가지 원리들에 비추어 당신의 훈련 프로그램과 자질을 평가할 때 보완해야 할 점은 없는가?

8

현실성

이제 좀더 현실적인 세계, 즉 리더십 훈련의 실질적인 차원으로 내려가 보자. 한 지도자에게 필요한 자질들은 이상적인 세계나 천상의 세계에 속한 것이 아니다. 그것들은 리더십 훈련의 성격상 실세적이며 현실에 속한 것이다. 이 자질을 숙고하는 동안 우리는 서론에서 다룬 성육신과 동일시라는 두 가지 중요한 단계의 필요성을 다시 한 번 실감하게 될 것이다. 훈련가가 지도자를 배출할 때는 그들 일상의 세세한 부분에 관여하는 것도 포함되기 때문에 그 두 가지는 이 지점에서 더욱 유효하다.

자질의 정의

현실성(practicality)은 지도자가 자신의 생각이나 개념을 손과 발로 구체화하여 피훈련자들이 실제로 지도자의 이상을 경험하고 공유할 수 있게 하는 능력을 말한다. 이는 단순한 이상주의나 철학적 성향이 강한 것과 반대되는 자질이다. 여기에 현실성은 엄격한 현실주의 이상이라는 것도 함께 강조되어야 한다. 이 자질은 훈련가의 생각과 계획과 아이디어와는 늘 상반되게 움직이는 일상에서 자신의 이상을 성취하게 해준다. 그런 점에서 현실성은 현실주의적 환경에서 이상주의를 실현해 가는 일종의 실용주의라고 말할 수도 있다.

지도자가 자신의 프로그램을 실제로 적용하면 피훈련자들은 지도자만 알고 있던 숭고한 현실 속으로 진입하게 된다. 이 자질은 피훈련자들이 실험과 응용을 통해 배우도록 돕는다. 이 자질이 발휘될 때 학생들은 지도자가 관여하고 있는 경험의 일부에 실험적으로 동참하게 된다. 그럼으로써 학생들은 지도자의 생각과 이상이 단순히 공상이 아니라, 어떤 상황에서도-생소한 주변 사정과 불리한 요인들이 있음에도-실현될 수 있음을 깨닫는다. 다시 말해, 현실성이란

한 지도자가 자신의 이상을 죄 많은 세상 속에 사는 자신과 다른 사람들의 삶에서 구현시키는 자질이다. 그러므로 지도자가 이 자질을 수행하는 데는 깊은 사고와 준비와 계획과 관찰이 요구되며 피훈련자들에게도 일과 과제와 구체적 의무 등이 요구된다.

복음서에 나타난 사실들

이제 여러 복음서를 통해 이 자질이 위대한 훈련가이신 예수님에게서 어떻게 드러났는지 살펴보자. 관련 말씀을 살펴보면 우리는 이 자질이 주님 안에서 어떻게 빛났는지를 정확히 알 수 있다.

1. 예수님은 제자들에게 여러 종류의 임무를 맡기셨다. 마태복음 14:16-17에서 예수님은 제자들에게 오천 명을 먹이라고 말씀하시는데 이는 그들의 능력을 뛰어넘는 과제였다. 마가복음 6:45, 48에서 알 수 있듯이 그분이 맡긴 일들은 매우 힘들고 거친 일이기도 했고, 심지어 좋아하지 않거나 동의하지 않는 일이기도 했다(눅 18:15-16). 예수님이 지시

한 임무 중에는 복음 전파와 가르침, 질병 치료 같은 영적인 사역들도 포함되어 있었다(마 10:5-8). 또한 평소 기도하는 훈련과 위급한 상황에 처했을 때 밤새도록 기도하며 깨어 있는 것도 그중 일부였다(마 26:38, 40-41).

2. 예수님은 제자들에게 비천한 일과 일상적인 여러 일을 하도록 요구하셨다. 요한복음 13:1-5에서 예수님은 제자들에게 다른 사람들의 발을 씻기는 것 같은 종의 일을 요구하신다. 허드렛일이나 잡무, 즉 시장에 가서 음식을 사거나 나귀에 안장을 다는 일, 모인 사람들을 위해 요리하는 일이나, 식사할 방과 식탁을 준비하는 일 등이 사도들의 훈련 과정에 포함되어 있었다(요 4:8; 눅 19:29-30, 35; 막 14:12-16).

3. 예수님은 몸소 행하셨거나 행해야 할 일들을 제자들에게 맡기셨다. 이것은 오천 명을 먹이신 일이나 그들의 발을 씻기신 일에서 볼 수 있다(요 6:5-6; 13:4-5, 14-15).

4. 예수님은 제자들의 행동을 살펴보셨고, 그들이 임무를 주의 깊고 세심하게 실행하도록 하셨다(요 6:12-13).

5. 예수님이 임무나 과업을 맡기실 때에는 이면에 명확하고도 특별한 목적이 있었다(눅 5:4-8).

자질의 해설

복음서에 나오는 위의 참고 구절들과 기타 많은 말씀은 예수님이 지닌 위대한 훈련가의 자질을 잘 보여 준다. 이제 그 자질을 좀더 자세히 살펴보자.

1. 예수님은 열두 제자를 구체적인 일에 가담시키셨다. 훈련 기간 내내 그들에게 구체적인 과제들을 주셨다. 이러한 임무들은 삶의 모든 측면, 즉 신체와 영혼의 모든 면을 포함하고 있었다. 그분은 과제나 임무의 수행 과정에서 그들과 완전히, 때로는 몸소 함께하셨다. 다시 말해 주님은 제자들에게 차가운 이론을 바탕으로 철학적이거나 형이상학적인 이야기를 던져 놓고 그들이 알아서 처리하도록 하지 않으셨다.

2. 예수님은 제자들에게 인간적 역량을 뛰어넘는 일과 영적이고 정신적이며 육체적으로 한계에 부딪히는 일을 맡기셨다. 주님이 그들에게 맡기신 임무들은 그들이 감당할 수 있는 것에 제한되지 않았다. 그 일들은 제자들의 능력을 훨씬 넘어서는 것들이었다.

3. 예수님이 맡긴 일에는 일상적인 일과 숭고한 활동이

모두 포함되어 있었다. 따라서 열두 제자의 임무에는 일상의 자질구레한 잡무들-제자들은 그것들 중 일부를 하찮게, 심지어는 불필요하게 여겨 별로 달갑지 않게 생각했다-뿐 아니라 영적 사역도 포함되어 있었다. 이처럼 열두 제자가 맡은 책임에는 그들의 품위를 떨어트리는 일과 고된 노동을 요구하는 거칠고 힘든 임무들이 포함되어 있었다.

4. 예수님은 일을 맡기고 제자들의 육체적 지구력과 정신적 능력과 영적인 에너지를 시험하셨다. 열두 제자가 지닌 주도성과 헌신과 포기와 충성과 세심함과 조심성과 준비성도 시험하셨다. 제자들에게 임무를 맡기고 그들을 포괄적으로 시험하셨던 것이다.

5. 예수님은 제자들이 훈련을 받으면서 그 일을 충분히 배우게 하려는 분명한 목적을 가지고 각각의 일을 맡기셨다. 그것들을 통해 제자들은 주님이 전하신 영적 진리를 배웠고, 아버지 하나님과 직접 접촉하게 되었으며, 숭고한 개념들을 구체적으로 이해할 수 있었다.

6. 주님은 제자들에게 일을 맡기시면서 그들이 같은 일을 계속 반복할 수 있는 충분한 기회를 제공하셨다. 이런 반복 과정을 통해 제자들의 배움은 깊어졌다. 그분은 제자들

이 행한 모든 실제적인 활동을 면밀히 관찰하고 개인적으로 감독하셨으며, 자신도 그 모든 일에 함께하셨다. 제자들은 주님으로부터 비인격적인 임무를 부여받지 않았다. 예수님은 지속적으로 제자들과 그들의 일을 배려하셨다.

7. 예수님이 제자들에게 맡기신 임무들은 자신이 이미 했거나 하고자 한 일, 혹은 몸소 하실 일이었다. 그분은 실생활이나 일에 있어 제자들이 참고할 표준이 되셨다. 모든 점에서 제자들의 참된 모범이 되신 것이다. 이런 식으로 그분은 자신이 위대한 훈련가임을 입증하셨다.

현실성의 원리들

이 자질을 리더십 훈련에서 실재화하고 적절하게 활용하기 위해서 여러 중요한 원리를 고려해야 한다. 그중 아홉 가지만 언급하고자 한다.

적실성의 원리. 지도자는 피훈련자들에게 삶의 모든 국면과 관련한 임무나 역할을 맡겨야 한다. 피훈련자의 지적 능력이나 영적 이해력 혹은 신체적 능력 중 하나를 시험하는 임무를 주는 것으로는 충분하지 않다. 제반 분야를 모두 포괄하는 임무여야 한다. 나아가 맡은 역할과 분명히 관련이 있는 구체적 활동이 훈련 기간 전체를 특징지어야 한다. 실제적 활동이란 피훈련자의 시간이나 계획을 메워 주는 것이 아니라, 훈련가가 임무를 부여할 때 목적의식을 분명히 갖고 있어야 한다는 뜻이다. 지도자로서 생각과 계획과 행동을 염두하고 있어야 하는 것이다.

모범과 표준의 원리. 자신이 해 보지 않았거나 꺼리는 일을 피훈련자에게 맡겨서는 안 된다. 피훈련자들이 숙련되고 유능한 제자가 되기 위해서는 스승에게 감화되어야 한다. 무엇보다 피훈련자들은 스승의 업적에 비추어 자신의 업무 수행을 분석하게 되어 있으며, 이런 방식으로 표준을 높게 유지할 수 있다.

도전 혹은 힘겨운 임무 부여의 원리. 피훈련자들에게 맡긴 일들은 그들을 총체적으로 도전하는 성격을 지닌 실질적 임무여야 한다. 수행하기 쉽지 않고 부담스런 임무여야 한다는 뜻이다. 그래야 피훈련자의 역량을 확실히 키울 수 있다. 유명

무실한 업무는 피훈련자의 능력 저하를 초래하고 말 것이다.

일상성의 원리. 주어진 임무들은 무엇보다도 일상생활과 관련되어 있어야 한다. 성격상 쉽게 수행할 수 있고 실제적이어야 하는 것이다. 지도자는 고상하고 숭고한 임무를 수행할 때처럼 피훈련자들에게 임무의 세세한 면까지 실행하도록 요구해야 한다.

비범성의 원리. 지도자는 피훈련자들에게 영적 능력을 발휘할 수 있는 과제를 맡겨야 한다. 주어진 임무들을 통해 그들은 초자연적 실체와 생생한 관계를 맺어야 한다. 즉 실질적인 임무를 수행하면서 좀더 고귀하고 고상하며 숭고한 것을 맛볼 수 있어야 한다.

다양성의 원리. 리더십 훈련 과정의 과제는 다양해야 한다. 천한 일과 즐거운 일, 허드렛일과 흥미로운 일, 재미없는 일과 재미있는 일, 고생스러운 일과 쉬운 일, 중요한 일과 하찮은 일, 당장 해야 할 일과 장기적으로 할 일, 특정한 일과 포괄적인 일, 단순한 일과 복잡한 일, 육체적 일과 정신적 일

등이 모두 포함되어야 한다. 임무 수행의 어떤 차원도 당연시되어서는 안 된다. 지도자는 그런 시험과 과제를 통해 자신이 책임질 피훈련자들을 직접 알아가야 한다. 그렇게 함으로써 그들의 강점과 약점을 이해할 수 있다.

관찰의 원리. 할 수 있는 한 지도자는 직접 피훈련자들을 정확히 관찰한 후 임무를 주어야 한다. 필요하면 어디에서든 그들의 일을 직접 감독해야 한다. 훈련받는 사람은 자신과 지도자의 시간을 낭비하기 위해 임무를 맡은 게 아님을, 자신의 임무 수행 과정이 철저히 관찰되고 일일이 평가된다는 점을 인식해야 한다. 지도자는 이미 맡긴 임무와 장차 맡길 임무를 확실히 감독해야 한다. 현장에서 직접 감독할 수 없는 경우에는 피훈련자들이 임무에 대해 지도자에게 보고할 기회를 충분히 갖도록 해야 한다.

검토와 업적 평가의 원리. 훈련가는 피훈련자들을 개인적으로나 집단적으로 능력과 역량을 진단하기 위해 임무를 부여한다. 따라서 임무는 그들의 신체적 지구력과 정신력과 영적 에너지 등을 측정하고 이해할 수 있도록 잘 계획되어야 한다.

또한 임무를 통해 피훈련자의 주도성과 헌신과 조심성과 세심함과 포기와 집중력과 깊이와 비전 같은 개인적 자질들을 측정할 수 있어야 한다. 훈련가는 모든 피훈련자들이 자유롭게 자신들의 임무를 수행할 수 있도록 해주어야 하고, 동기도 유발시켜야 한다. 이것이 곧 임무 평가가 필요한 이유다.

적합성의 원리. 자신의 임무를 파악하고 임무와 관련한 교훈을 이해할 충분한 기회가 피훈련자 개개인에게 주어져야 한다. 어떤 이들은 다른 사람들보다 실제적인 일을 할 기회가 더 많아야 할 필요도 있다. 확실히 배우기 위해서 임무는 반복적이어야 한다. 이를 위해 훈련가는 계획을 사려 깊게 세워 모든 피훈련자들이 몸으로 배울 수 있는 기회를 충분히 갖게 해야 한다.

자질의 적용

현실성은 훈련가와 지도자의 자격을 가늠하는 중요한 시금석이다. 이 자질을 갖지 못한 사람은 기껏해야 몽상가나 공상가가 될 뿐, 훈련가는 될 수 없다. 위에서 개괄한 이 자질을 여러 분야에 적용하면, 피훈련자들이 훈련가가 목적으로 삼은 것을 달성하고 새로운 지도자로 세워질 수 있는지를 어느 정도 확신할 수 있다. 이 자질이 피훈련자들에게 전수되면 그들도 리더를 양성하는 유능한 지도자가 될 것이다. 끝으로 이 자질은 지도자가 자신의 과제를 제대로 알고 있는지를 가늠하는 척도다. 지도자가 자신의 과제를 알고 있다면, 그는 다른 사람들에게 이를 매우 실제적인 방식으로 넘겨줄 것이며 또 그럴 수 있어야 한다.

생각할 문제

1. 현실성을 당신 자신의 말로 정의해 보라.
2. 현실성을 적용할 때 생기는 결과를 말해 보라.
3. 이 자질을 적용하기 위해서는 무엇이 필요한가?
4. 주님은 이 자질을 어떻게 보여 주셨는가?
5. 현실성의 원리 중 '훈련 과정의 과제가 다양해야 한다'는 뜻은 무엇인가? 왜 그런가?

9

이해·평가

이는 위대한 훈련가의 실질적 측면들과 관련이 있는 또 다른 자질이다. 아울러 매우 개인적인 자질이기도 하다. 어떤 사람은 많이, 어떤 이는 적게 가지고 있으며, 거의 갖고 있지 못한 이도 있기 때문이다. 그런 면에서 이 자질은 정말 자질의 영역에 충분히 속할 만하다. 나아가 이 자질은 삶의 모든 영역에서 아름다운 미덕을 발하는 소중한 가치다. 물론 훈련 영역에서도 기본적으로 필요하다.

자질의 정의

이해·평가(appreciation)의 자질은 위대한 훈련가가 피훈련자들을 개별적으로 면밀히 관찰하고서 그들에 대한 공정한 평가와 정확한 판단을 내리고, 그 결론을 그들에게 전달할 수 있는 능력이다. 이 자질에는 심미적인 측면이 포함되어 있지만 이는 한 사람의 심미적 능력 이상의 것이다. 이 능력은 다른 사람들을 이해하고, 분석하고, 평가하고, 판단하는 것과 관련되어 있다. 따라서 이는 한 인간으로서 소유하기 무척 어렵고 섬세한 자질이다. 이 능력에는 피훈련자 개개인의 역량과 인격—그의 공헌이나 성공, 또는 결과물이 아닌 것—에 대한 훈련가의 진정한 관심과 피훈련자를 한 인격으로 평가하고 그 결과를 상대방에게 유익한 방법으로 전달해 주는 능력도 포함된다. 즉 면밀하고도 분석적인 관찰이 이 자질의 기본 요소다. 훈련가는 신뢰할 만하고 신중한 방법으로 이 자질을 사용해야 하는데 이 자질로 그가 돌보는 피훈련자들을 죽일 수도 있고 해방시킬 수도 있으며, 원수로 만들 수도 있고 충성스런 친구로 삼을 수도 있기 때문이다.

따라서 이 자질은 다른 사람의 내면을 살펴보고, 그에 대하여 정확하고 분별 있는 결론을 내릴 수 있는 능력이다. 그러기에 평범한 수준에서는 이 자질을 발휘하기 어렵다. 그러나 피훈련자들을 향해 성실하고 이타적인 사랑을 충분하게 갖고 있는 훈련가라면 이 자질을 발휘할 수 있다. 물론 그렇지 않은 훈련가라면 이 자질을 발휘할 수도 없고 발휘하려고 해서도 안 된다.

복음서에 나타난 사실들

예수 그리스도는 이 자질에 있어 탁월하셨다. 복음서에 그 증거가 차고 넘친다. 이제 열두 제자를 대상으로 한 그분의 훈련에서 이 자질과 관련한 말씀들을 살펴보자.

1. 예수님은 사람들을 주의 깊게 관찰하셨으며, 특히 제자들을 주시하셨다(요 1:42, 47-48).

2. 예수님은 제자들을 깊이 이해하시고 칭찬해 주셨는데, 개개인으로서 그리고 자신의 동역자 집단으로서 그들을 평가하셨으며 그들의 개별적 행동과 관련해서도 그렇게 하셨다(마 16:17; 요 13:13; 15:15).

3. 예수님은 열두 제자를 평가하셨다. 베드로의 경우처럼 개인적 차원에서 평가하셨고(요 1:42; 마 16:18, 23), 때로는 그룹 토의나 단체 활동을 통해 평가하기도 하셨다(마 17:19-20;

13:10-18. 누가복음 10:17은 열두 제자가 아니라 70인 제자들을 언급하지만 마찬가지다). 평가하실 때 그분은 제자들의 실수를 지적하시고 그들의 실패 이유를 알려 주셨다(마 16:23; 17:19-21). 그러나 대중 앞에서 평가하시지 않고 관련한 사람들 또는 열두 제자가 있는 데서만 하셨다(마 16:22-23; 17:19).

4. 예수님은 제자들을 책망하셨다. 마태복음 16:23, 누가복음 9:54-55 같은 경우에는 개별적으로, 마태복음 17:17 같은 곳에서는 단체로 꾸짖으셨다. 또 주님은 관련 사람들을 은밀하게 책망하고 교정하셨다(마 16:22-23; 17:19-20).

5. 예수님은 열두 제자가 잘못을 범했을 때 그들을 도와주기 위해 지적하고 바로잡으셨다. 베드로와 야고보와 요한 같은 몇 사람에 대해서는 이 일을 반복하셔야 했다(마 14:31; 16:23-24; 26:33-34; 눅 9:54-55; 마 20:20-23). 당면한 문제가 일어난 그 자리에서 잘못을 바로잡거나 주의를 주셨다. 그분은 기회가 생겼을 때 이를 놓치지 않으셨다(눅 9:51-56; 요 4:27, 31-38). 마지막 훈련 때까지 제자들의 잘못을 바로잡고 권면하는 책임을 수행하셨다(요 13:12-20; 눅 22:24-27, 46). 이와 같이 한결같고도 지속적인 돌봄을 열두 제자 전체뿐 아니라 빌립과 베드로에게 그러신 것처럼 개개인에게도 끝까지 베푸셨

다(요 14:9; 눅 22:61).

6. 예수님은 이해·평가의 자질을 발휘하면서 주와 선생이라는 권위 있는 역할을 수용하셨고(요 13:13-15), 이 자질을 발휘할 때마다 사랑과 배려와 관심으로 가득하셨다(요 13:1; 눅 22:28-30).

자질의 해설

위에서 인용한 말씀들은 다음의 내용들과 함께 위대한 훈련가이신 예수님이 지닌 이해·평가의 자질을 우리에게 분명하게 보여 준다.

1. 예수님은 주위 사람과 집단과 사회와 사물과 자연을 주의 깊게 관찰하고 판단하셨으며, 이 능력을 열두 제자를 훈련하는 데 충분히 발휘하셨다.

2. 예수님은 열두 사도를 개인적으로나 집단적으로 평가하셨다. 그분은 제자들에게 가차 없었으며 선생으로서의 임무를 게을리하지 않으셨다. 평가할 때는 철저히 진심을 말했으며 그들에게 신실하셨다. 그들의 실수와 실패를 지적하

셨고 그렇게 된 이유를 찾아내셨으며 그것들을 고칠 수 있는 방법도 가르쳐 주셨다. 이러한 일을 하실 때 자신이 발견한 바를 완곡하게 표현하거나 포장해서 말씀하지 않으셨다. 솔직하고 직접적이며 단도직입적이셨다.

3. 예수님은 열두 제자를 인격체로 진정으로 이해하셨다. 그래서 그들이 바른 행동을 하거나 그분에게 충성스러운 태도를 보일 때 칭찬하셨다. 이는 제자들을 개인적으로나 집단적 차원에서 책망하고 교정하셨음을 의미한다. 제자들을 교정하고 책망하며 권면할 때, 누구도 특별히 대하거나 혜택을 누리게 하지 않았으며 실패를 눈감아 주지도 않으셨다.

4. 이해하고 평가하는 과정에서 예수님은 개인적 조언과 함께 집단적 역동성을 이용하셨다. 세상의 지도자나 감독에게서 쉽게 발견할 수 있는 권위를 앞세우거나 독재의 방식으로 제자들을 대하지 않으셨다. 아울러 제자들을 공개적으로 평가하거나 칭찬하거나 책망하지 않으셨다.

5. 예수님은 필요한 경우에 또는 열두 제자 중 특정 인물을 반복해서 교정하시고 경고하시며 권고하셨다. 제자들이 그분 자신과 그분이 품은 목적을 이해할 때까지 이 일을 반복하시면서 결코 체념하지 않으셨다.

6. 예수님은 잘못을 시정하고 평가하기 위해 당면한 문제들을 이용하셨다. 마지막 결산할 때에 한꺼번에 청산하려고 책망할 것을 쌓아 두시거나 다루기 편한 때를 기다리시지 않았다. 평가 사역을 하는 데 구체적이고 실질적인 문제들을 취급하셨으며, 그런 것들은 제자들 모두의 마음에 생생하게 살아 있었다. 그분은 늘 제자들과 함께 생활하고 움직이셨기 때문에 그런 기회가 매우 많았다.

7. 위대한 훈련가이신 예수님은 열두 제자와 관계를 맺은 첫날부터 마지막 순간까지 이 자질을 발휘하셨다. 훈련 기간 내내 그들을 평가하고, 교정하고, 책망하고, 권면하는 등 이 사역을 계속하신 것이다. 다른 자질들을 발휘할 때처럼 이 자질을 행사할 때도 한결같고 변함없으며 공평한 태도로 일관하셨다.

8. 평가하고 판단하면서 예수님은 선생과 주로서 권위 있는 역할을 수행하셨으며 그러한 역할을 흔쾌히 받아들이셨다. 그분은 자신의 사역에 대해 변명하지 않으셨다. 이런 방식으로 제자들을 훈육하면서 지도자와 훈련가로서의 책임감을 온전히 보여 주셨다. 훈육은 어떤 선생에게나 어려운 과업인데, 예수님은 이를 피하지 않으셨다.

9. 훈련하고 제자 삼는 일에서 예수님은 열두 제자에 대한 사랑이 충만했고, 넘쳐흘렀으며, 사랑하는 마음으로 의욕을 품으셨다. 그분의 사랑은 제자들에게 매우 분명한 것이었다. 그분의 개인적인 배려와 열두 제자와만 맺은 친밀한 관계와 선견지명과 사려 깊은 계획 수립과 그들 전체와 각각에 대한 중보기도(요 17장) 등은 그들에 대한 주님의 극진한 사랑을 충분히 보여 주고도 남았다. 그분은 사랑과 권위로 말미암아 능히 그들의 주님과 주인 그리고 스승이 되실 수 있었다.

이해·평가의 원리들

이 자질은 리더십 훈련에서 매우 중요하기에 특별히 주목해야 할 원리들이 많다. 그 가운데 열 가지를 살펴보자.

관찰의 원리. 훈련가는 모든 사물, 특히 사람들에 대해 매우 분석적이고 날카로운 관찰자여야 한다. 이는 훈련가가 늘 지니고 있어야 할 기량으로 노력하면 충분히 연마 가능한 덕이다. 물론 천부적으로 갖고 태어난 사람이라도 더욱 개발해야 한다.

평가의 원리. 평가는 모든 훈련 프로그램의 기본 요소다. 평가의 목적은 피훈련자들의 강점과 약점을 함께 발견하고, 잘못을 고치며 약점을 보완할 대책을 세우는 데 있다. 훈련가는 피훈련자들을 평가할 때 그들에게 진술하고 객관적이며 신실해야 한다. 완전하고 효과적인 평가를 하려면 피훈련자 개개인과 그들 전체에 대한 계획을 미리 수립해야 한다.

현실주의의 원리. 훈련가는 피훈련자들을 인격체로 대해야 한다. 그들은 어떤 대상물이나 사물이 아니다. 그러므로 "무엇이든지 남에게 대접을 받고자 하는 대로 너희도 남을 대접하라"(마 7:12)는 황금률을 적용해야 한다. 훈련가는 인격체가 행동과 표현과 반응 같은 다양한 요소로 구성되어 있음을 유념해야 한다. 따라서 피훈련자들의 인격을 이해하기 위해서는 각 요소를 따로따로 판단해야 한다. 이는 피훈련자들에 대한 훈련가의 반응과 평가가 충동에 의한 주관적 판단이나 냉혹한 객관적 판단이 아니라 실재에 기초한 현실적 판단이어야 함을 뜻한다. 또한 이는 포괄적이어야 하고 누적된 판단에 기초해야 한다는 뜻이기도 하다. 억측이나 뒷담화나 소문 같은 피상적인 자료에 의존해 평가해서는 안 된다. 지도자의 조치나 판단은 반드시 진실과 사실에 근거해야 한다.

다각적 방법의 원리. 선생은 학생들을 평가할 때 다양한 수단과 참고 자료를 활용해야 한다. 여기에는 개인적이고 집단적인 차원의 활동, 명시적이고 암시적인 방법이 모두 포함된다. 단 그 방법들은 언제나 인격적이어야 한다. 기계적으로 평가해서는 안 되고, 훈련가와 피훈련자가 서로 겉도는 비인격적인 방법들을 사용해서도 안 된다. 그럴 경우에는 훈련 자체가 중단되기 때문이고, 훈련이 중단되면 평가할 필요조차 없어지고 만다.

훈육의 원리. 피훈련자들을 다룰 때 지도자는 반드시 훈육을 해야 한다. 훈육에는 칭찬과 격려와 책망과 교정과 도전과 권면과 보상과 징계 등이 포함된다. 잘못을 찾아내기만 하거나 칭찬만 하는 것은 해로우므로 지도자를 키우는 훈련가는 긍정적인 훈육과 부정적인 훈육의 균형을 잡아야 한다.

반복의 원리. 현실성의 경우처럼 여기서도 평가의 역학을 반복해서 적용해야 한다. 칭찬이나 책망 같은 조치는 피훈련자들이 어느 수준에 도달할 때까지, 또는 지도자가 가능한 모든 수단을 다 사용할 때까지 반복되어야 한다. 모든 수단을 다 썼는데도 피훈련자들 일부가 여전히 실수를 저지르는 등 실망스런 행위를 반복할 수도 있다. 그렇다 하더라도 피훈련자가 특별한 요구를 할 경우에는 또다시 도움을 주어야 한다. 지도자는 피훈련자에게 무엇이 필요한지 알아내고 도움거리를 찾아야 한다(이러한 측면은 열두 사도에 대한 성령의 사역에서 엿볼 수 있다. 주 예수님은 제자들과 함께한 다음 그들을 떠난 후에 이를 준비하셨다. 요 14:16; 16:8-13; 눅 24:49; 행 1:8). 요컨대 어떤 피훈련자가 제대로 따라오지 못할 때 스스로 깨달으라는 식으로 내버려두지 말고 도움을 더 주어야 한다.

상황의 원리. 가능한 한 실제 상황에 맞추어서 잘못을 교정하고 개선할 수 있도록 도움을 줘야 한다. 이 원리를 적용하는 시간과 장소와 환경은 매우 중요하다. 가장 좋은 교정 방식은 지도자가 앙심이나 복수심을 품지 않고 피훈련자들을 은밀하게 훈계하는 것이다. 훌륭한 훈련가라면 피훈련자들을 칭찬하고 평가하거나 훈계하기 위해 적절한 상황을 미리 계획하고 마련할 것이다. 이와 함께 선생은 칭찬이든 징

계든 그 조치가 상황에 맞아야 함을 명심해야 한다. 학생의 실패나 성공을 과장하고 그에 맞지 않게 벌하거나 보상할 소지가 늘 있기 때문이다. 이 점에서 균형의 원칙은 상황의 원리의 일부가 된다.

일관성의 원리. 훈련가는 지속적이고 일관되며 신실하게 평가의 자질을 발휘해야 한다. 생각날 때만 평가하고 판단해서는 안 된다. 이 자질은 훈련 기간 내내 한결같이, 지도자가 책임을 맡고 있는 한 계속 발휘해야 한다. 환경이나 기분에 따라 달라질 게 아니라 일관성 있게 수행해야 한다는 점을 기억하라.

권위의 원리. 지도자는 이해·평가의 자질을 발휘할 권리와 특권을 갖고 있으며 반드시 이를 발휘해야 한다. 지도자로서 자신의 역할을 받아들이는 것을 권위의 원리라고 한다. 지도자가 어떤 면에서든 이 자질을 발휘하지 않으려고 한다면-훈련가에 따라 훈계를 싫어하거나 칭찬을 꺼리는 이들이 있기 마련이므로-피훈련자들은 훈련가가 자신에게 정말로 관심이 있는지 의심하기 시작할 것이다. 피훈련자들은 훈련 상황에서 제대로 평가받기를 바란다. 따라서 지도자에게는 권위를 행사하고 훈계할 전적인 책임이 있다. 지도자는 권위자의 입장에서 피훈련자들을 책임져야 하는 것이다. 권위는 지도자의 기분에 따라 사용되거나 피훈련자들을 두렵게 만드는 회초리가 아니다. 이 원리는 지도자의 역량에 따라 얻게 되는 일종의 신뢰로서 책임이 뒤따른다.

사랑의 원리. 이 원리는 이해·평가의 자질을 발휘할 때 가장 기본적이고 근본적으로 필요하다. 사랑이라는 기본적이고도 위대한 요소 없이 이 자질을 적용하는 행위는 피상적인 것에 불과하다. 훈련가와 피훈련자는 상호 간에 사랑이 있는지 여부를 알게 마련이다. 피훈련자들을 평가하고 판단할 지도자의 권리는 그들에 대한 깊은 사랑에 근거한다. 이 역동적인 사랑은 훈련가의 여러 행위와 학생들과의 관계와 개인적인 관심과 배려와 사려 깊음과 건전한 친밀성과 물질 공유와 기도 나눔 등 여러 형태로 표현된다. 핵심은 이해·평가의 자질을 발휘할 때마다 밑바탕에 사랑이 있어야 한다는 점이다.

자질의 적용

이해·평가의 자질을 갖추지 못한 지도자는 훈련가로서 자격이 없다고 결론을 내릴 수 있다. 하지만 이 자질은 항상 갈고닦아야 할 섬세한 자질이기에 이미 소유하고 있는 사람이라도 이를 배양하고 개발해야 한다. 또 지도자는 훈련 시간이 경과하면서 굳어지고 둔감해지는 경향이 있으므로 이 자질을 지속적으로 연마하는 것이 중요하다. 사실 이해·평가의 자질은 이 땅과 천국에서 모두 필요하다. 우리는 이 사실을 위대한 훈련가이신 우리 주 예수님에게서 배울 수 있다.

생각할 문제

1. 이해·평가의 자질이 지닌 여러 면을 이야기해 보라.
2. 이 자질이 중요한 이유는 무엇인가?
3. 주님이 집단적·개인적 평가를 내리신 예들을 들어 보라.
4. 주님은 이해·평가에 있어 언제 상황의 원리를 사용하셨는가?
5. 평가에는 칭찬 외에 또 어떤 요소들이 있는가?

10

일관성

훈련가를 목표에 도달하도록 이끄는 이 자질은 어쩌면 훈련가가 소유하거나 발휘하기 가장 힘든 자질일 것이다. 물론 이는 훈련가를 평가할 가장 커다란 시금석이기도 하다. 이는 리더십 훈련의 전반적인 프로그램 가운데 깊은 고독감을 주어 훈련가의 믿음을 시험하기 때문이다. 시험에 빠진 훈련가는 리더십을 배출하는 데 성공했는지 확신하지 못한 채 포기하게 된다. 하지만 진정한 훈련가라면 끝까지 책임을 다하면서 자신의 수고가 헛되지 않기를 바라며 유종의 미를 거두려 할 것이다. 그가 할 수 있는 일은 훈련 사역을 수행하라고 명하신 하나님께 모든 일을 믿음으로 맡기는 것뿐이다.

자질의 정의

일관성(stickability)이란 훈련가가 자신이 맡은 훈련의 책임을 끝까지 완수하되, 엄청난 도전과 실망에 부딪히고 또 결과가 확실하지 않더라도 훈련 과정을 충실히 끝마치게 하는 능력이다. 훈련가가 애초에 품은 동기가, 즉 그가 참된 사명감을 갖고 있었는지 아니면 순전히 자기만족을 위해 훈련에 임했는지가 이 자질로 판가름 난다. 또한 이 자질은 피훈련자들이 훈련가를 이해하지 못하거나 기대에 역행하더라도 끝까지 그들을 포기하지 않게 한다. 따라서 우리는 이 자질을 지도자들을 양성하는 훈련가에게 필요한 인내와 오래 참음의 자질이라고 말할 수 있다.

결과만 놓고 보면, 지도자는 피훈련자들이 지도자로 설 것이라는 보장도 없이 훈련 사역을 마칠 수도 있다. 어쩌면 생애 마지막까지 리더십 훈련가로 성공하지 못할 수도 있다. 이런 후회나 비참함에도 불구하고 마지막을 향해 나아가는 능력이 바로 일관성이다. 이처럼 상실감과 암담한 현실 가운데서도 끝까지 버틸 수 있게 해주는 일관성의 자질에는 다음 두 가지 요소, 곧 최선을 다해 자신이 맡은 일을 완수했으며, 그 일을 맡겨 주신 하나님 안에서 자신이 풍성한 소망을 갖고 있다는 깊은 자각이 있다.

복음서에 나타난 사실들

예수 그리스도에 관한 복음서 이야기들은 제자 훈련과 관련해 놀랄 만큼 일관성의 자질을 강조한다. 이 자질은 위대한 훈련가의 프로그램 전반에 걸쳐 분명하게 드러난다. 그 가운데 몇 구절만 살펴보자.

1. 예수님은 공생애를 마치실 때 다 이루었다는 성취감을 느끼셨다(요 17:4; 19:30). 그분의 기쁨은 아버지를 영화롭게 했다는 데서 우러나왔다(요 17:4).

2. 예수님은 열두 제자를 끝까지 사랑하셨다(요 13:1).

3. 예수님은 한 사람을 제외하고 모두를 지켜 주셨다(요 17:12). 그중 한 사람 가룟 유다에게도 끝까지 회개할 기회를 주셨다(마 26:21, 25, 50). 그럼에도 그는 예수님께 등을 돌렸다(요 13:30).

4. 예수님은 극심한 곤경과 개인적 고통에도 불구하고 훈

련 과정에서 열두 제자를 보호하셨다. 베드로는 줄곧 돌봄을 받았으며, 특히 주님은 부활 후에 그를 실패에서 회복시키셨다(요 21:15 이하; 막 16:7). 야고보와 요한 역시 그들의 복수심과 이기심과 우위 다툼, '우뢰의 아들'처럼 처신하는 모습에도 불구하고 주님은 그들을 포기하지 않으셨다(눅 9:54-55; 마 20:20-24; 막 3:17). 베드로와 요한과 야고보는 주님의 공생애 기간 중에 철저히 실패했지만 예수님의 신뢰를 받은 핵심 그룹으로 영입되었다(마 26:37; 17:1 등). 세 사람 모두 주님의 부활과 승천 후에 특별한 사역을 감당했다(사도행전 2장과 이후에 등장하는 베드로와 사도행전 12장의 야고보와 요한계시록에 나오는 요한을 보라).

5. 예수님은 많은 제자가 자신을 버리고 떠날 때 열두 제자를 의지했다. 하나님이 그들을 자신에게 맡기셨다고 믿었기 때문이다. 그리하여 주님은 그들을 장차 더 큰 역할을 할 사도로 지목하셨다(요 6:66-68; 17:6-7; 마 19:28).

6. 요한복음에 기록된 대로 예수님은 열두 제자에게 마지막 메시지와 말씀을 주셨다(요 13-17장). 마지막으로 그분은 남은 열한 제자에게 대위임령을 주셨다(마 28:16-20; 참고. 행 1:6-9).

자질의 해설

복음서에 나오는 위의 말씀들과 그 밖의 본문을 보면 주 예수님의 이 고귀한 자질이 명약관화하게 드러난다. 그 가운데 여덟 가지를 살펴보자.

1. 위대한 훈련가 예수님은 죽음에 이르기까지 열두 제자 중 누구도 단념하지 않으셨다. 오히려 주님은 이 땅에서 사는 마지막 순간까지 그들 모두를 사랑하고 보호해 주셨다. 이는 리더십 훈련의 마지막 단계에서 절정에 도달했다. 주님이 죽으셨다가 부활하신 후 열한 제자는 갓 태어난 교회의 지도자들로 부름받았다.

2. 열두 제자 중 한 사람은 비통한 죽음을 맞았다. 그러나 그 실패는 위대한 훈련가이신 예수님 탓이 아니었다. 유다 스스로 자신을 사랑하고 끝까지 돌보아 주셨던 그리스도를 저버렸던 것이다.

3. 예수님은 열두 명 전체에게 그리고 각 사람에게 자신을 의탁하셨다. 그분은 그들이 거듭 실패하고 개인적으로 부족하더라도 그들을 떠나지 않으셨다. 그분의 헌신은 제자

들의 영적 반응에 입각한 것이기도 했다. 제자들이 여러 일로 자신을 실망시키고, 중대한 실수를 저지르고, 고무적으로 성장한 이가 한 사람도 없었지만 그분은 단 한 사람도 포기하지 않으셨다. 오히려 그분은 몸소 주도권을 쥐고 제자들 중 몇 사람을 특별히 보호하셨다. 자신을 분노하게 만들고 심지어 배신할 때조차 그들을 보살피셨던 것이다.

4. 예수님은 선생으로서 제자들 곁에 있으셨으나 자신에게 집착하도록 강요하지 않으셨다. 그분은 제자들을 사모하는 마음을 표현하셨다. 그러나 자신의 정체를 완전히 밝히신 후에는 자신을 따르든 배척하든 그들 마음대로 하도록 완전한 자유를 주셨다. 심지어 자신의 목숨을 내놓을 만큼 고귀하게 여긴 그들의 인격을 결코 침해하지 않으셨다.

5. 제자 가운데 몇 명이 자신을 실패케 하기 위해 자신을 부인하고 적극적으로 배신할 것을 아셨음에도 그들 곁에 머무신 점은 도무지 이해하기 어렵다. 베드로와 유다는 그분에게 슬픔을 안긴 공적 본보기였다. 그럼에도 그분은 제자들을 끝까지 사랑하고 도우려고 하셨지 결코 그들을 배척하지 않으셨다.

6. 예수님은 열두 제자에게 완전히 헌신하셨다. 그들에

대한 계획 외에 다른 어떤 계획도 갖고 있지 않으셨다. 한 가지에 모든 것을 거신 것으로 인간적으로 보면 어리석기 그지없는 행위였다. 그렇게 헌신한 이유는 하나님이 그들을 자신에게 맡기셨음을 알고 또 믿으셨기 때문이다.

7. 토론을 비롯한 열두 제자와의 훈련 과정에서 예수님은 장래의 비전을 나누셨다. 제자들에게 하나님의 계획 안에 그들이 어떤 위치에 있는지 말씀하셨고, 영원한 목적들에 대해서도 일러 주셨다. 모든 계획의 중심에 본질적으로 그분 자신이 계셨으며, 제자들은 이생에서뿐 아니라 영원까지 주님과 함께 지내게 되어 있었다. 제자들의 변덕스러움을 아셨지만 예수님은 그들과 깊은 교제를 나누신 것이다.

8. 마지막으로 주님은 자신의 생애가 비극적인 종말로 치닫고 있는 상황에서도 다락방에서 제자들에게 마지막 고별 메시지를 전하셨다. 그때에도 그분은 열두 제자가 자신을 배반하고 부인하며 팔 것을 알고 계셨다. 그분은 죽기 전과 마찬가지로 부활하신 후에도 초지일관하셨다. 그래서 마침내 살아 있는 열한 제자에게 자신의 사역의 프로그램 전체를 맡기셨다. 자신을 대신해 그 사역을 계속하라고 위임하신 것이다. 그런 뒤 그들을 떠나셨다. 열두 제자를 위해 할

수 있는 모든 일을 하신 것이다. 그분은 제자들을 끝까지 신뢰했고 그들도 끝까지 자신을 신뢰하며 모든 일을 할 수 있기를 기대하셨다.

이처럼 예수님은 일관성의 자질을 탁월하게 보이신 최고의 모범이요 표준이셨다. 후대가 리더십 훈련을 할 때 본받도록 남겨 주신 귀중한 유산이 되신 것이다.

일관성의 원리들

우리는 위대한 훈련가이신 예수님에게서 발견한 이 자질로부터 여덟 가지 실제적인 원리를 이끌어낼 수 있다. 주님을 본받아 리더십 훈련을 하는 이들은 이를 언제든 적용할 수 있을 것이다.

인내 혹은 끈기의 원리. 훈련가는 반드시 훈련의 전 과정을 책임지고 완수해야 한다. 또 훈련 프로그램에 참여한 자들 중 누구에게도 그를 포기했다는 기색을 보여서는 안 된다. 설사 피훈련자들이 지도자를 포기할지언정 지도자는 그래서는 안 된다. 훈련 과정을 모두 마친 자라면 모를까 피훈련자가 요청하면 언제든 도움을 줘야 한다. 언제든 그들을 도울 준비가 되어 있고 그들을 위해 시간을 낼 수 있음을 인식시켜 주어야 한다.

실패의 원리. 훈련가는 자신이 할 수 있는 바를 다하더라도 누군가는 떨어져 나갈 수 있음을 예상하고 준비하고 있어야 한다. 100퍼센트의 성공을 바라는 완벽주의가 지도자의 목표가 되어서는 안 된다. 오히려 자신의 능력만큼 최선을 다해 그 책임을 완수하는 것을 목표로 삼아야 한다. 비록 피훈련자들 모두가 성공하길 바라며 아낌없이 노력과 시간을 투자했음에도 성공을 거두지 못했을 때 좌절해서는 안 된다.

모순 혹은 반대의 원리. 지도자는 화가 나거나 실망스러운 상황에서도 훈련 프로그램과 자신이 맡은 사람들을 굳게 붙잡고 가야 한다. 그들에게서 심각한 문제나 끔찍한 결함을 보더라도 꼭 붙들고 실망감을 극복하며 끝까지 밀고 나아가야 한다. 더 많은 실패나 문제를 목격할 수도 있고, 문제 있는 피훈련자들이 줄어들 수도 있다. 지도자는 이런 모순된 상황을 직면하고도 극복할 만한 기지와 회복력을 갖고 있어야 한다. 그들이 저항하거나 심지어 목숨이 위협받는 상황에서도 맡은 자들을 포기해서는 안 된다.

후속 조치의 원리. 훈련가는 가르침과 연습과 시험 같은 초기 훈련 과정을 마쳤다고 해서 피훈련자들을 포기해서는 안 된다. 계속해서 지켜보고, 특히 도움이나 격려나 관점의 조정이 필요한 이들을 지속적으로 돌봐야 한다. 여기서도 책임은 역시 지도자에게 있다. 누구를 계속 도와야 할지 알아야 하며 그들을 개인적으로 보살펴야 하는데, 이것도 전체 훈련의 일부이며 일관성의 자질이다.

자유의 원리. 선생은 훈련 기간 동안 제자들이 원하는 것은 무엇이든 할 수 있도록 완전한 자유를 주어야 한다. 여기에는 선생에게 해를 입히거나 심지어 그를 파괴하는 것까지 포함된다. 노골적으로든 은밀하게든 피훈련자들이 억지로 자신에게 붙어 있게 해서는 안 된다. 자신이 여전히 그들을 돌보고 있지만 그들에게는 마음대로 할 수 있는 자유가 있음을 확실히 인식시켜 주어야 한다.

나눔의 원리. 훈련가는 마음을 열고 피훈련자들과 그들에 대한 자신의 계획과 다가올 미래에 그들이 지닐 특권과 책임을 나누어야 한다. 이 일은 그들에게 신선한 비전과 자극을 주며, 그들의 정신을 일깨워 줄 것이다. 모든 훈련이 끝나고 결과를 알릴 때까지 계획 발표를 미루어서는 안 된다. 훈련 중에라도 장래에 얻게 될 특권에 대해서 어느 정도 이해하고 있어야 한다.

헌신의 원리. 지도자는 자신의 프로그램과 계획을 자신의 생각에 대해 이미 지속적으로 그리고 분명히 소통한 제자들에게 위탁해야 한다. 어떤 대안을 감춰서는 안 된다. 만일 그들이 자기를 버릴 경우 완전히 실패할 각오가 되어 있어야 한다. 훈련 과정에 자신과 남은 이들이 하나님의 뜻으로 그렇게 되었음을 알고 훈련하는 이들에게 전적으로 헌신해야 한다. 이 모든 일을 우연으로 치부하지 말고 하나님의 온전한 뜻이 이루어지는 것으로 보아야 한다. 그래야 헌신의 자세를 유지할 수 있다.

양도의 원리. 훈련가는 최종적으로 피훈련자들에게 자신

의 소유를 넘겨주어야 한다. 이 일은 하나도 남김없이 완벽하게 이루어져야 한다. 훈련가는 피훈련자들에게 자신의 임무는 끝났으며 자신이 하던 일을 이제 그들이 완전히 책임질 때가 되었음을 명백히 알려야 한다. 여기에서 피훈련자들은 훈련가의 성실함과 정직함을 완전히 파악할 수 있어야 한다. 훈련가는 앞으로 피훈련자들이 수행하길 바라는 바를 분명히 말해 주어야 한다. 자신의 임무가 끝났음을 알리고 그들에게 그 일이 위임되었음을 선언한 후 손을 떼고 떠나야 한다. 일을 위임한 후에 훈련가가 할 수 있는 일은 피훈련자들을 위해 기도하는 것과 그들이 필요할 때 접촉할 수 있도록 근처에 있는 것이다.

자질의 적용

지금까지 논한 내용을 근거로 우리는 다음과 같은 결론을 내릴 수 있다. 훈련가에게 훈련 프로그램을 끝까지 밀고 나가려는 의지가 없다면 애초에 훈련을 시작해서는 안 된다. 일단 프로그램을 시작하면 어떤 대가를 치르든 끝까지 훈련을 이끌고 나가야 한다. 그렇기 때문에 프로그램을 시작하기 전에 깊이 생각하고 하나님께 나아가는 준비 기간이 필요한 것이다.

이 장에서 간추려 보았듯이 끝까지 인내하며 버티지 못하는 훈련가는 실패할 수밖에 없다. 그런 의미에서 일관성의 자질은 리더십 훈련에 필요한 모든 자질 중 최고의 자질이다.

생각할 문제

1. 일관성의 자질이란 무엇인가?
2. 왜 이 자질을 체득하기가 가장 어려운가? 그 이유에 대해 당신은 동의하는가?
3. 이 자질과 그로 인한 결과들 사이의 관계는 어떠한가?
4. 이 자질이 주님의 삶에 어떻게 나타났는지 토의해 보라.
5. 일관성의 원리들을 생각해 보라.
   1) 당신의 훈련 프로그램에서 후속 조치는 어떻게 수행되고 있는가?
   2) 우리는 훈련가로서 실패에 직면할 때 어떻게 해야 하는가?
   3) 당신은 양도의 원리를 어느 정도 적용하고 있는가? 철저히 위임하기보다 여전히 피훈련자들에게 매달리고 있지는 않은가?

6. 리더십 훈련의 소명은 한 사람의 지도자보다 여러 사람과 함께 나누는 것이 좋다. 왜 그렇다고 생각하는가? 당신은 이러한 원리를 깨닫고 있는가?

II

결론

위대한 훈련가의 제자 훈련 방식을 따르는 지도자는 반드시 성공한다. 이것이 이 책에서 지금까지 논의한 바의 결론이다. 우리가 이런 주장을 할 수 있는 절대적인 이유는, 이것이 바로 지도자 훈련의 포괄적인 법칙이자 검증된 공식인 예수 그리스도의 방식이기 때문이다.

어떤 기독교 지도자나 선생이든 리더십을 배출하려면 위대한 훈련가인 그리스도의 방식을 따를 수 있으며, 또 따라야 한다. 이 방식은 모든 기독교 지도자가 물려받은 유산이다. 오순절에 임하셨던 성령께서 지금 주 예수의 길을 걷고자 하는 자들에게도 동일하게 임하기 때문이다. 그리스도를 닮고 싶은 뜨거운 열망과 그 열망을 채우기 위해 무슨 대가든 기꺼이 지불하겠다는 태도가 훈련가들에게 필요하다. 이처럼 주 예수 그리스도께 완전히 굴복한 지도자들은 성령께 사로잡혀 그분이 하신 일을 충분히 할 수 있을 뿐 아니라 그보다 더 큰 일도 할 수 있을 것이다(요 14:12).

교회 역사상 현 시대에는 리더십을 기르고 배출하는 사역을 한 사람이 담당하는 것은 옳지 않다. 이 책임은 주님의 시대 이후에는 집단 리더십에 주어졌다. 유일한 신인이셨던 훈련의 대가가 완전히 구비하고 계셨던 자질과 자격은 성령으로 말미암아 이제 그분의 몸인 교회에 맡겨졌다. 그러므로 리더십 훈련의 소명은 한 사람의 지도자가 아니라 여럿이 함께 나누어야 할 부르심이다.

여러 가지 한계가 있겠지만 리더십 훈련에 부름받은 사람들은 이런 식으로 위대한 훈련가의 완벽한 자질들과 임무 수행 능력에 근접할 수 있을 것이다. 여러 사람이 마치 한 사람처럼 훈련 프로그램에 가담하면 타고난 인간적 약점들을 함께 극복할 수 있고, 위대한 훈련가 곧 부활하신 그리스도께서 친히 그곳에 임하셔서 주의 교회와 주의 나라를 위해 자신의 사역을 완수하실 것이다.

자신이 위대한 훈련가의 자질을 완벽히 갖추지 못했다고

실망할 필요는 없지만, 모든 것을 갖추려는 의지는 갖고 있어야 한다. 그리고 이 자질들은 다른 사람들을 훈련하는 데 있어 선택 사항이 아니라 기본 요건임을 깨달아야 한다. 이런 확신과 열망을 품고, 성령께서 함께하시며 능력 주실 것을 그리스도께 구한다면 그 자질들이 그 사람 안에서 자라고 그를 통해 발휘될 것이다.

이와 같은 리더십 훈련 프로그램이야말로 도전적인 그리스도의 교회를 낳는 유일한 희망이다. 위대한 훈련가가 하신 것처럼 지도자들을 육성하고 배출하는 일은 교회가 세상에 복음을 전하기 위해 해야 할 최소한의 프로그램이다. 사도들의 이야기를 비롯한 교회 역사 전체는 이것이 진리임을 웅변적으로 선포하고 있다.

옮긴이 신재구는 연세대학교에서 영어영문학을 전공했으며, 대학 시절 IVF를 통해 예수님을 만났다. 졸업을 하고 IVF 간사로 사역한 후 호주 시드니에 위치한 무어 신학교에서 목회 훈련을 받았다. 동역자들과 호주에 사는 한인들을 전도하기 위해 KBF(Korean Bible Fellowship)를 세워 섬겼으며, 귀국한 후 수년간 목회를 했다. 현재는 시드니 성 앤드류 성공회 교회에서 사역하고 있다. 역서로 「IVP 성경배경주석」, 「소그룹 운동과 교회 성장」, 「위대한 기독교 사상가 10인」, 「20세기 신학」(이상 IVP), 「제임스 패커의 생애」(CLC) 등이 있다.

예수님의 제자 훈련

초판 발행_ 1985년 7월 15일
개정판 발행_ 2015년 3월 2일
개정판 3쇄_ 2024년 4월 5일

지은이_ P. T. 찬다필라
옮긴이_ 신재구
펴낸이_ 정모세

펴낸곳_ 한국기독학생회출판부
등록번호_ 제2001-000198호(1978.6.1)
주소_ 04031 서울 마포구 동교로 156-10
대표 전화_ (02)337-2257 팩스_ (02)337-2258
영업 전화_ (02)338-2282 팩스_ (02)080-915-1515
홈페이지_ www.ivp.co.kr 이메일_ ivp@ivp.co.kr
ISBN 978-89-328-1408-7

ⓒ 한국기독학생회출판부 2015

책값은 뒤표지에 있습니다.
무단 전재와 복제를 금합니다.